Erlebnisorientierte Gewaltprävention

Ist die Jugend von heute dick, doof und gewalttätig?

NEIN!!!

Das Trainerhandbuch mit über 150 Übungen und Ideen aus der Erlebnispädagogik für Anti-Gewalt-, Coolness-, Zivilcourage- und Deeskalationstrainings

Erlebnisorientierte Gewaltprävention
Das Trainerhandbuch mit über 150 Übungen und Ideen aus der Erlebnispädagogik
für Anti-Gewalt-, Coolness-, Zivilcourage- und Deeskalationstrainings
Copyright © 2015 Tim Bärsch
Text, Fotos im Buch, Grafiken und Satz: Tim Bärsch
Coverfotos: © Fotos 593, Stuart Monk, Sergey (www.fotolia.com)
Covergestaltung: G. Zimmermann (www.guidozimmermann.com)

Bibliografische Information der Deutschen Nationalbibliothek
Die Deutsche Nationalbibliothek verzeichnet diese Publikation in der Deutschen
Nationalbibliografie; detaillierte bibliografische Daten sind im Internet unter
http://dnb.d-nb.de abrufbar.

Herstellung und Verlag: BoD - Books on Demand, Norderstedt
ISBN: 9783738617443

BaER® Schulungen
Bewältigung aggressiver Emotionen und Reaktionen
Deeskalation und Gewaltprävention
Geschäftsführung: Tim Bärsch
Internet: http://www.baer-sch.de
Email: kontakt@baer-sch.de

Inhaltsverzeichnis

Vor-denken

„Hast du schon mal versucht, mit zugeschwollenen Augen und gebrochenen Fingern deine Zähne von der Straße aufzusammeln?"

Diese „*freundliche*" Frage soll zeigen, worauf dieses Buch abzielt. Es soll Anregungen geben, wie Sie eine gewaltpräventive Maßnahme erlebnisorientiert durchführen können. Zur Belustigung habe ich noch einige Zeichnungen reingebracht und „meinen" Humor *kursiv* gekennzeichnet. Dieses Buch ist **kein wissenschaftliches Werk** und ich habe mich <u>nicht</u> hinter „wichtigen" Begriffen versteckt, sondern zum besseren Verständnis das Buch so einfach wie möglich geschrieben. Zugunsten der besseren Lesbarkeit habe ich mich gegen das „ihr/sein", „Teilnehmerinnen und Teilnehmer" oder „TeilnehmerInnen" entschieden. Es sind aber immer beide Geschlechter gemeint. Die meisten Maßnahmen im gewaltvorbeugenden Bereich sind **Gruppenmaßnahmen**. Ich spreche dann immer von Teilnehmern (oft TN abgekürzt). Die Übungen können Ihrer jeweiligen Zielgruppe angepasst werden und sind oft auch auf Einzel-maßnahmen zu übertragen.

Ich habe das Rad <u>nicht</u> neu erfunden und das meiste Wissen ist von anderen übernommen. **Thomas Schut-Ansteeg** (Erlebnispädagogik), **Reiner Gall** (AAT®/CT®), **Anita Heyer** (NLP) und **Stefan Tebbe** (WT) sind da als meine wichtigsten Ausbilder (und in Teilbereichen Vor-bilder) zu nennen, von denen ich die Grundkenntnisse erhalten habe. Im kollegialen Austausch mit Ralf-Erik Posselt, Rainer Grebert, Marian Rohde, Frank Müller, Simone Kriebs, Martin Sattler, Peter Plettig, Norbert Schmidt, Holger Schlafhorst, Frank Langer, Kathrin Schmidt, Vera Lemke, Petra Lachnicht, Sven Hulvershorn, Petra Weinstein, Kerstin Nachtigall, Stephan Berchner, Rosa Gräwe, Angela Waller, Katrin Kretschmer, Christof Nicpon, Marie Schellwat, Annika Schreibert, Halima Zaghdoud, Jérôme Gravenstein, Marina Deising, Jennifer Redmann, Shireen Horn, Samuel Meffiere, Volker Lewrick, Svenja Klocke, Michel Buschmann, Jan Groesdonk, Martin Stichler, Christian Lüdke, André Karkalis, meiner Frau Sibylle u.v.a. entwickelte ich dann mein Wissen weiter und schrieb u.a dieses Buch.

Tim Bärsch

1 Was ist eigentlich wichtig?

„Papa, warum heißen Rollmöpse eigentlich Rollmöpse?" - „Dumme Frage! Sie sehen aus wie Rollmöpse, sie riechen wie Rollmöpse und sie schmecken wie Rollmöpse. Warum sollen sie dann nicht auch Rollmöpse heißen?!"

Ich bin Fan der Erlebnispädagogik zur Gewaltvorbeugung. Deshalb zuerst zwei Seiten Theorie zu diesen Themen, *mit denen ich angeben möchte.* Dann kommt erst das Wichtige (ab S. 8). <u>Also</u>: Als Vordenker der Erlebnispädagogik gilt **Jean Jacques Rousseau** (1712-1778). Er plädierte u.a. in seinem Buch „Emile oder über die Erziehung" für eine natürliche Erziehung.

„Und denkt daran, dass ihr in allen Fächern mehr durch Handlungen als durch Worte belehren müsst. Denn Kinder vergessen leicht, was sie gesagt haben und was man ihnen gesagt hat, aber nicht, was sie getan haben und was man ihnen getan hat."

Henry David Thoreau (1817–1862) verzichtete gut 100 Jahre später auf allen Luxus und zog sich allein in eine Wald(en)hütte zurück. Er kritisierte den technischen Fortschritt und wollte erfahren, was im Leben wirklich wichtig ist.

„Ich zog in den Wald, weil ich den Wunsch hatte, mit Überlegungen zu leben, dem eigentlichen, wirklichen Leben näherzutreten, zu sehen, ob ich nicht lernen konnte, was es zu lehren hatte, damit ich nicht, wenn es zum Sterben ginge, einsehen musste, dass ich nicht gelebt hatte."

Zusätzlich werden noch der Erfahrungspädagoge **John Dewey** (1859-1952) und der britische Pfadfinder-Gründer **Robert Baden-Powell** (1857-1941) als Beeinflusser benannt.

Nach diesen Vordenkern gilt dann meist **Kurt Hahn** (1886-1974) als (Ur-)Vater der Erlebnistherapie und -pädagogik. Er sah bei der Jugend Mangel an menschlicher Anteilnahme, Verfall körperlicher Tauglichkeit, Mangel an

Initiative, Spontanität und Sorgsamkeit. *(Irgendwie ist in den letzten 100 Jahren da keine Verbesserung zu sehen.)* Dagegen setzte er Bewegung, Projektarbeit, Expeditionen und Dienst am Nächsten. Deshalb gründete er u.a. 1920 das Internat Schloss Salem, welches seine Ideen bis heute umsetzt.

Heute gibt es Erlebnis-, Abenteuer- und Natursport; Wald- und Wildnispädagogik; Kooperative Abenteuerübungen und -projekte; Problemlöseaufgaben in- und outdoor; Citybound (Erlebnispädagogik im städtischen Sozialraum); begleitete Projekte in fremden Ländern oder auf dem Meer; künstliche Anlagen wie Hochseil- und Niedrigseilgärten sowie diverse Formen der Selbsterfahrung und Therapie. Es ist da recht schwierig für den Oberbegriff „Erlebnispädagogik" eine Definition zu finden. Hier mein Versuch:

> *„Erlebnispädagogik ist eine Möglichkeit, Menschen spielerisch durch gestellte Abenteuer mit hohem Aufforderungscharakter herauszufordern, ihre Persönlichkeit, soziale und andere Fähigkeiten weiterzuentwickeln, um diese in den Alltag zu transferieren und dort positiv nutzen zu können. "*

Erlebnispädagogik bewirkt keine Wunder. Leider wird sie oft erst als letzte „Wunderwaffe" angewendet. Auch vorbeugend (präventiv) werden <u>nicht</u> alle Menschen „gerettet". Trotzdem können erlebnispädagogische Maßnahmen viel bewirken und sind besonders zur Sucht-, Extremismus- und Gewaltprävention geeignet. Es geht oft darum, dass der Mensch sich selbst bewusst werden soll. Ein (sich) selbst-bewusster Mensch muss sich nicht Heroin spritzen, rechtsextremen Parteien beitreten oder anderen den Kiefer brechen, um sich besser zu fühlen.

Auch der Begriff „**Gewaltprävention**" (aus dem lat.: Vorbeugung) sollte erklärt werden. Gewaltprävention ist <u>hier</u> der Oberbegriff für Trainingsmaßnahmen, die Menschen bei der Vermeidung gewalttätiger Auseinandersetzungen helfen und den Umgang mit Konflikten schulen. Im Bereich der Gewaltprävention existieren eine Vielzahl unterschiedlicher Ansätze. Neben staatlichen Stellen sind viele private Organisationen tätig. Dazu gehören (Sport-)Vereine, aber auch private Institute. In diesem Buch beschreibe ich erlebnisorientierte Übungen, welche für Gruppen jeglichen Alters (teilweise mit leichter Abänderung) geeignet sind. Diese sollen dann eine friedliche Haltung positiv beeinflussen. Dazu sind einige Dinge sinnvoll, welche ich in den nächsten Kapiteln kurz beschreiben werde.

Natürlich sind Erfahrung und Zusatzqualifikationen unumgänglich, um eine gute Trainingseinheit zu gestalten. Es ist <u>nicht</u> möglich, nur aus Büchern ein guter Trainer zu werden. Trotzdem können die Informationen aus Büchern jemanden dabei unterstützen. Dabei gibt es für Trainer bestimmte Regeln, die sinnvoll sind, um eine Maßnahme erfolgsversprechend zu gestalten:

1. Eigene Haltung (Seite 9)
Behandeln Sie jeden Menschen, als wäre er intelligent!

2. Einstellung zur Gewalt (Seite 10)
Reflektieren Sie sich selbst und seien Sie Vor-bild!

3. Beziehung (Seite 12)
Respektieren und mögen Sie Ihre Teilnehmer!

4. Verantwortung (Seite 13)
Setzen Sie sinnvolle Regeln und Konsequenzen konsequent um!

5. Herausforderung (Seite 14)
Leiten Sie machbare Herausforderungen für die Teilnehmer an!

6. Gruppenphasen (Seite 15)
Beachten Sie die Gruppenphasen und -dynamiken!

7. Planung und Flexibilität (Seite 16)
Schaffen Sie ein Gleichgewicht von Planung und Flexibilität!

8. Spiel und Spaß (Seite 17)
Haben Sie Spaß und fördern Sie den Spaß der Teilnehmer!

9. Bewegung (Seite 19)
Bewegen Sie die Teilnehmer äußerlich und innerlich!

10. Transfer (Seite 20)
Schaffen Sie einen Transfer in die Wirklichkeit außerhalb der Gruppe!

„Ein Tag genügt, um festzustellen, dass ein Mensch böse ist; man braucht ein Leben, um festzustellen, dass er gut ist."
Théodore Jouffroy

Die **Spiegelneuronen** im Gehirn wurden 1992 von Giacomo Rizzolatti entdeckt. (Empfehlenswert sind da u.a. die Bücher von Joachim Bauer.) Diese bewirken, dass wir mit anderen Menschen mitfühlen können. Wir können uns in andere hineinversetzen und emphatisch (einfühlendes Verstehen) mit ihnen umgehen. Dies kann trainiert werden, z.B. beim kanadischen Kursprogramm „Roots of Empathy". (Grundschüler beobachten Babys und versuchen deren Bedürfnisse herauszufinden.) Trotzdem hat jeder Mensch Vorurteile. Das ist normal. Doch die Vorurteile und daraus entstehenden Einstellungen gegenüber anderen Menschen haben gravierende Auswirkungen.

Unter Leitung des amerikanischen Psychologen **Robert Rosenthal** (1933) machten Studenten Versuche mit angeblich „schlauen" und „dummen" Ratten. Diese waren aber gleich intelligent. In diesen Tests schnitten aber tatsächlich die „schlauen" Ratten viel besser ab als ihre „dummen" Artgenossen. Danach testete Rosenthal zu Beginn eines Schuljahres alle Kinder einer Schule. Dann gab er den Lehrern die Namen einzelner Schüler, die dem Testergebnis zufolge eine „ungewöhnlich gute schulische Entwicklung" nehmen sollten (insgesamt 20% der Schüler). Die Namen der „Hochbegabten" waren wiederum streng nach dem Zufallsprinzip ausgewählt. Am Ende des Schuljahres hatten die vermeintlich „Hochbegabten" nach dem Ergebnis eines Schulleistungstests einen großen Vorsprung gegenüber den anderen Schülern. Die „Hochbegabten" hatten viel bessere Noten und schnitten in Intelligenztests auch besser ab. Der Umgang der Lehrer mit den „Hochbegabten" und den anderen Schülern führte ersichtlich zu einer Veränderung. Dieser Versuch macht noch einmal deutlich, welche Auswirkungen es hat, wenn Menschen in Schubladen gesteckt und dort nicht wieder rausgelassen werden. Also als Fazit:

Behandeln Sie jeden Menschen, als wäre er intelligent.

1.2   Einstellung zur Gewalt

„Der Krieg ist darin schlimm, dass er mehr böse Leute macht, als er deren wegnimmt." Immanuel Kant

Es wird immer gesagt: **„Gewalt ist keine Lösung!"** Doch wie sieht es wirklich in unserer Gesellschaft aus? Im Fernsehen laufen unendlich viele Krimis und die Thriller sind regelmäßig in den Buch-Bestsellerlisten. In den meisten Medienberichten, aber auch in den meisten wissenschaftlichen Studien, finden Täter mehr Beachtung als die Opfer. In den Asterix-Comics zeigen die Römerlegionen zum Angriff die schützende Schildkröten-Taktik. Zum ungeordneten Rückzug benutzen sie die Hasenfuß-Taktik. Die zweite Methode ist beim Angriff der zaubertrankgestärkten Gallier auch die sinnvollere Variante. Trotz ihrer gewalttätigen Art sind die Gallier die Helden dieser Comics und nicht die fliehenden Römer.

Es wird von den Eltern, den Lehrern und anderen (V)erziehern immer wieder gesagt: **„Lauf doch besser weg."** Doch wie verhalten sich die Helden aus unserer Kindheit? Ist Mickey Maus vor Kater Karlo geflohen? Ist Batman weggelaufen, wenn der Joker kam? Hat sich Spiderman versteckt, wenn der Kobold anflog? Ist der Knight Rider weggefahren, wenn Gefahr drohte?

Nein, natürlich nicht! Diese Helden laufen nicht weg. Sie weichen nicht zurück und würden nicht die Straßenseite wechseln, nur weil ihnen aggressive Menschen entgegen kommen. Gibt es irgendwelche Helden, die ohne Gewalt die Welt oder die Menschheit retten? Mir fällt spontan keiner ein. *(Sogar Jack Bauer aus der Serie „24" benötigt ein wenig Gewalt.)*

Auch wird Aktivität in unserer Gesellschaft positiver bewertet als Passivität. Was ist mit Ihnen? Wären Sie lieber Opfer oder Täter? Ich kann von mir sagen, dass ich lieber Täter wäre. Bei Umfragen unter Schauspielern nach dem Film „Philadelphia" von 1993 sagten über 90 %, dass sie lieber einen soziopathischen Kinderschänder als einen HIV-erkrankten Schwulen spielen würden. Für seinen Mut und seine Leistung bekam Tom Hanks ja auch seinen ersten Oscar.

Unsere Erziehung, unsere Gesellschaft und unsere Helden haben uns geprägt. Doch oft ist es weiser, die Straßenseite rechtzeitig zu wechseln. Ein Umweg führt in manchen Fällen eher zum Ziel. Sie sind als Trainer, Lehrer, Pädagoge usw. nicht nur für Ihr eigenes Handeln verantwortlich. Sie sind auch immer **VORBILD**. Denken Sie also über Ihre Einstellung nach und woran sie glauben. Denn bekanntlich kann der Glaube ja Berge versetzen.

Und wo wir gerade beim Thema „Glauben" sind. In Harvard zeigte eine Untersuchung an 12.000 Senioren, dass sich die Lungenfunktion von regelmäßigen Kirchengängern geringer verschlechterte als bei den „Atheisten". Glaube kann also gesund sein, *solange man dafür keine Kriege verursacht.* Auch die Untersuchungen zu den Themen Dankbarkeit und Nächstenliebe zeigen, dass sie den Menschen glücklicher und länger leben lassen. Also wenn Sie schon ein Vorbild sind, so haben sie am besten eine positive Grundeinstellung und zeigen Sie Nächstenliebe. Da haben nicht nur die anderen etwas von - Sie sind auch zufriedener und leben länger.

Bereits in den 50er Jahren lautete ein Axiom der Themenzentrierten Interaktion (TZI): „Ehrfurcht gebührt allem Lebendigen und seinem Wachstum. Respekt vor dem Wachstum bedingt bewertende Entscheidungen. Das Humane ist wertvoll, Inhumanes ist wert- und lebensbedrohend."

Menschen lernen viel von anderen Menschen (Lernen am Modell nach Albert Bandura) und deshalb ist es wichtig **Vor-bild** zu sein. Dazu sollten Sie natürlich auch Ihre Einstellung zum Thema Gewalt gut kennen. Jeder hat so genannte „dunkle Flecken" oder sogar irgendwelche „Leichen im Keller" liegen. Gerade als Gruppenleitung sollten Sie sich dessen bewusst sein, weil wir mit anderen Menschen in enger Beziehung stehen und auch auf diese Einfluss haben. Gerade in der Arbeit mit Kindern und Jugendlichen sollte dies beachtet werden.

> *„Menschen im frühen Jugendalter sind also im positiven wie negativen Sinne extrem beeinflussbar."*
> *Thomas Schut-Ansteeg (Boeger / Schut-Ansteeg 2005; S. 1)*

Reflektieren Sie sich selbst und seien Sie Vor-bild!

„Die größte Ehre, die man einem Menschen antun kann, ist die, dass man zu ihm Vertrauen hat." Matthias Claudius

Oxytocin ist das Bindungshormon, welches z.B. beim Stillen, beim Massieren oder beim Sex ausgeschüttet wird. Menschen fühlen sich entspannter und sich miteinander verbunden. Es wird auch ausgeschüttet, wenn wir anderen vertrauen oder die anderen uns vertrauen. Oxytocin macht uns kooperativ und sensibel (WdW 1/13). Es wird bei körperlicher oder geistiger Berührung ausgeschüttet.

„Der Mensch ist – und dies gilt für das Kind in ganz besonderer Weise – ein Beziehungstier." Joachim Bauer (2008, S. 17)

Zusätzlich wurde nachgewiesen, dass Menschen eher etwas von anderen Menschen lernen, wenn eine positive Beziehung herrscht. Bereits Albert Bandura stellte 1965 fest, dass sein „Lernen am Modell" besser funktioniert, wenn man sich mag. Also sollte es wichtig sein, die Teilnehmer zu mögen.

„Durch diese Beziehungen, die wir als Vor-Bilder mit den Kindern und Jugendlichen gestalten, tragen wir entscheidend dazu bei, was aus ihnen wird." Joachim Bauer (2008, S. 29)

Auch wenn Sie mit dem Verhalten Ihres Gegenübers nicht einverstanden sind, so sollten Sie ihn als Menschen akzeptieren und ihm <u>nicht</u> seine „Wertigkeit" absprechen. Diese positive Wertschätzung (Begriff wurde maßgeblich von Carl Rogers geprägt) ist entscheidend, um mit dem Gegenüber in Kontakt zu kommen. In der Hypnosetherapie und im Neurolinguistischen Programmieren (NLP) spricht der Therapeut vom **guten Kontakt (Rapport)**. Diesen stellt der Therapeut zuerst her, bevor er mit seinem Patienten arbeitet („Rapport vor Intervention"). In Experimenten zeigte sich, dass Ratten, die mehr von ihrer Mutter geleckt wurden, später intelligenter wurden. Zuneigung und Liebe sind also wichtige Voraussetzungen für die Hirnentwicklung. **Ehrlichkeit, Zuverlässigkeit** und **Transparenz** sind hier die Eckpfeiler, die darauf hinweisen, dass man den anderen respektiert.

Respektieren und mögen Sie Ihre Teilnehmer!

(PS. Teilnehmer nur ablecken, wenn es Ratten sind.)

1.4 Verantwortung

„Die Entwicklung der Systeme braucht vor allem erfahrene,
souveräne Lehrkräfte, die ihre Schülerinnen und Schüler mögen und
in der Lage sind, in der Manege des Klassenzimmers zu bestehen."
Joachim Bauer (2008, S. 11)

Der niederländische Verkehrsplaner Johannes Mondermann (1945-2008) stellte fest, dass mehr Schilder und Regeln im Straßenverkehr zu mehr verantwortungs<u>losem</u> Fahren führt. Nach Mondermann ist es u.a. wichtig, die Anzahl der Verkehrsschilder zu reduzieren. Dann läuft der Verkehr reibungsloser und es gibt weniger Unfälle (vgl. Precht 2012; S. 189 ff).

Regeln sind wichtig. Doch je mehr Regeln es gibt, desto mehr Regelübertretungen gibt es. Es ist wichtig, dass sinnvolle Regeln mit sinnvollen Konsequenzen bei Regelübertretung im Team entwickelt werden. Viele Regeln erübrigen sich bei genauerer Betrachtung. Und in zwei Tagen erschafft das Lehrerkollegium aus einer 60-seitigen unübersichtlichen Schulordnung ein sinnvolles Regelwerk von zwei DinA4-Seiten.

Sind die Regeln und die Konsequenzen einmal transparent für alle Parteien, so sind diese auch viel leichter durchzusetzen. Der Konflikt findet dann oft nicht mehr auf der persönlichen Ebene statt. Dies funktioniert natürlich nur, wenn das gesamte Team (Kollegium, Arbeitsgruppe usw.) an einem Strang zieht.

Jetzt geht es darum, dass JEDER die Verantwortung übernimmt und nicht sagt: „Dafür bin ich nicht zuständig!" Gerade im pädagogischen Bereich ist die Vorbild-Funktion sehr wichtig. Und auch, wenn z.B. Kinder (für die ich nicht zuständig bin) laut sind oder sich gefährden, sollte ich einschreiten.
Wenn diese transparenten und sinnvollen Regeln umgesetzt werden und bei Regelüberschreitungen die transparenten Konsequenzen durchgezogen werden, ist ein angenehmes und pädagogisch sinnvolles Arbeiten möglich.

Setzen Sie sinnvolle Regeln und Konsequenzen konsequent um!

„Wir lieben neue Herausforderungen – vor allem, wenn wir die alten nicht erfüllen konnten." Ernst Reinhardt

Das Hormon **Dopamin** ist ein Neurotransmitter und wichtig für die eigene Motivation. Es wird u.a. beim Essen, Sex und bei bestimmten Drogen ausgeschüttet. Es führt zur Euphorie und deshalb machen uns bestimmte Sachen Spaß und die Zeit verfliegt förmlich. Menschen sind plötzlich bereit sich über einen längeren Zeitraum zu konzentrieren und zu arbeiten. Vereinfacht gesagt:

„Je mehr Dopamin, desto weniger innerer Schweinehund!"

Doch wie kann man andere Menschen motivieren? Der Herr *mit dem einfachen Namen* Mihály Csíkszentmihályi beschrieb 1975 den **Flow** (engl. Fließen, Rinnen, Strömen). Dieses Flow-Erleben ist genau dieser Tätigkeitsrausch, bei welchem viel Dopamin ausgeschüttet wird. Menschen haben am meisten Spaß und Motivation, wenn sie sich nicht langweilen (Unterforderung) und keine Angst (Überforderung) haben. Aufgabe für die Gruppenleitung ist es also, Übungen für die Gruppe zu gestalten, die eine machbare Herausforderung darstellen. Viele Übungen zu kennen und diese auch abwandeln zu können (also schwieriger oder leichter), ist hier sehr sinnvoll.

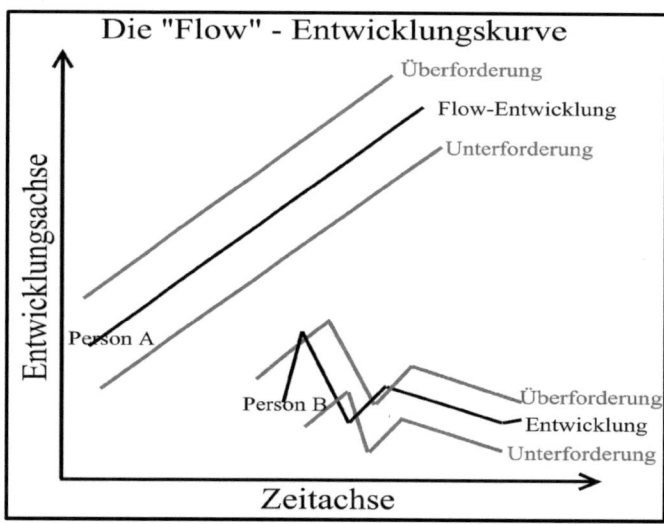

Leiten Sie machbare Herausforderungen für die Teilnehmer an!

1.6   Gruppenphasen

„Denken Sie immer an die Interessen Ihres Gegenübers." Lee Iacocca

Es existieren verschiedene Gruppenmodelle. Sie versuchen, Gesetzmäßigkeiten in Gruppen zu beschreiben. Häufig werden hierbei zwischen drei bis fünf aufeinander folgende **Phasen** beschrieben.

Die Gruppenphasen bei Schulklassen, Sportvereinen oder gewaltpräventiven Maßnahmen sind recht unterschiedlich, alleine schon deshalb, weil die Gesamtlänge der Maßnahme sehr unterschiedlich ist. Manche Maßnahmen sind nur eintägig, andere laufen über mehrere Jahre. Trotzdem kommen meist alle Phasen vor.

Wie für alle Modelle gilt, dass es sich hierbei um eine Verallgemeinerung und eine Annäherung an die Realität handelt. Dennoch kann das Wissen über solche Prozesse für einen Anleiter von großer Wichtigkeit sein, um ein besseres Verständnis für verschiedene Verhaltensweisen zu entwickeln.

Die Gruppenmodelle sind hilfreich, um den Ablauf einer Gruppe analytisch betrachten zu können. Hilfreich sowohl für die einzelnen Gruppenteilnehmer, vor allem aber für die Gruppenleitung. Entscheidend ist, dass die Einteilung in Phasen immer nur modellhaft geschehen kann. Gruppen können in einer Phase hängen bleiben oder Phasen überspringen. Die Modelle können also immer nur ein **Hilfsmittel zur Orientierung** sein:

1. Orientierungsphase : Übungen zum Kennenlernen und Vertrauensaufbau
    Aufgaben der Anleitung: Struktur vorgeben und Klarheit (z.B. durch Regeln)
2. Konfliktphase : Übungen im Kampf-, Kraft- und Kooperationsbereich
    Aufgaben der Anleitung: Gruppenklima entwickeln und Konflikte moderieren
3. Arbeitsphase: Übungen zu den Themen Kommunikation und Gewalt
    Aufgaben der Anleitung: Fachmann für inhaltliche Fragen sein
4. Differenzierungsphase: Übungen zur Stärkung des Selbstbewusstseins
    Aufgaben der Anleitung: Moderation und jeden einzelnen im Blick haben
5. Ablösephase: Übungen zu den Themen Reflexion, Feedback und Abschied
    Aufgaben der Anleitung: Moderation, Metakommunikation und Transfer

Beachten Sie die Gruppenphasen und -dynamiken!

1.7 Planung und Flexibilität

„Es fehlt am Plan, wenn zu viele Pläne da sind." Publilius Syrus

Es ist immer sinnvoll einen Plan zu haben. Mit allen vorhandenen Informationen (Zielgruppe, Thema, Raum, Zeiten usw.) sollte im Vorhinein ein Plan konstruiert werden. Mit viel Erfahrung haben die meisten Trainer mehrere vorgefertigte Pläne im Kopf. Ein Plan ist eben gut und wichtig. Ebenso wichtig ist es aber auch, flexibel auf Veränderungen reagieren zu können. Sie sollten in den Trainingseinheiten meist ein Gleichgewicht zwischen den Wünschen des Auftraggebers, der Zielgruppe und Ihnen selbst herstellen.

Um flexibel im Umgang mit Menschen zu sein, geht es mal wieder um Ihre innere Haltung. Dabei sollten Sie erst einmal selbst wissen, was Sie möchten. Unterscheiden Sie möglichst zwischen Ihrem Standpunkt und Ihrem Bedürfnis. Ihr Standpunkt hat sich aus Ihrem Bedürfnis entwickelt. Hinterfragen Sie immer, welches Bedürfnis Sie haben und Sie haben viel mehr Lösungsmöglichkeiten, als wenn Sie nur auf Ihrem Standpunkt beharren. Wenn Sie Durst (Bedürfnis) haben, sind Sie recht flexibel. Anders ist es, wenn Sie nur genau diese Flasche Wasser, die im Kühlschrank steht (Standpunkt) haben möchten.

Seien Sie kreativ. Also entwickeln Sie Ideen und schauen Sie mal über den Tellerrand. Unser Gehirn arbeitet so, dass es am liebsten da anknüpft, wo schon viel da ist. Sie haben schon viel Ahnung von Geschichte und Sie lesen noch viel mehr darüber und schauen auch immer die Geschichts-Dokumentationen im Fernsehen. Sie behalten viel, weil viele Anknüpfungspunkte vorhanden sind. Lesen Sie dann mal etwas über Physik und Ihr Gehirn verknüpft sich wieder ganz anders. Dann bleiben Sie flexibel. *Schließlich möchten wir nicht enden wie die Dinosaurier. Diese waren zwar riesig und stark – sie waren aber nicht flexibel genug sich an die veränderten Temperaturen zu gewöhnen. Und schon sind diese Tiere ausgestorben.*

„Wann immer Sie etwas tun, was nicht funktioniert, hören Sie damit auf und tun Sie etwas anderes." Milton H. Erickson

Schaffen Sie ein Gleichgewicht von Planung und Flexibilität!

*„Hätte man einem jungen Menschen nichts anderes geschenkt als
schöne Erlebnisse, dann hätte man ihm fürs Leben schon sehr viel
geschenkt." Robert Baden-Powell (Gründer der Pfadfinder)*

Im Darm befindet sich das „enterale" Nervensystem. Dort wird selbstständig
gedacht. Es ist sozusagen das zweite Gehirn. Erforscht wird der Darm seit dem
19. Jahrhundert und 1981 bewies der Neurobiologe Michael Gershon, dass dieser
komplett eigenständig arbeitet. Der Darm ist so eigenständig, dass dieser erst 24
Stunden später den Tod des Menschen bemerkt und aufhört zu arbeiten. Er besitzt
die gleichen Neuronen (ca. 100 Millionen) wie das Kopfgehirn. Zudem wirken die
gleichen Neurotransmitter und Neuromodulatoren. Fast alle chemischen
Vorgänge, die im Kopf fürs Denken, Erinnern und Planen sorgen, finden auch im
Verdauungstrakt statt. 95% des „Glückshormons" **Serotonin** befinden sich im
Darm. Der Bauch „spricht" mit unserem Bewusstsein über Gefühle. Auch wenn
sich der Mensch für ein „Kopf-Wesen" hält, so ist er doch vornehmlich ein
„Bauch-Wesen". Viele Tests zeigen, dass die meisten Entscheidungen mit dem
„Bauch-Hirn" entschieden werden und das „Kopf-Hirn" dies nachher nur
begründet. Selbst beim Einkauf werden über 95% der Waren gefühlsmäßig
ausgesucht. Das Gefühl ist für jede Entscheidung sehr wichtig.

Es ist wichtig, dass Aktivitäten emotional berühren und Spaß machen. Dann ist es
viel wahrscheinlicher, dass Menschen etwas lernen. *Leider hatten zu meiner
Schulzeit viele Lehrer dieses Wissen nicht oder sie konnten es einfach nur nicht
umsetzen.* Im Idealfall verschmelzen Handlung und Bewusstsein. Es entsteht
dieses Gefühl scheinbar mühelos fließender Bewegungen.

*„Ich bin nämlich davon überzeugt, dass Jugend rauschhafte
Erlebnisse braucht, und wenn sie keinen Zugang zu edlen Räuschen
bekommt, dann wird sie für die weniger edlen Räusche, die die
Gesellschaft bereithält, anfälliger. Die Berge halten edle Räusche
bereit."
Reinhold Stecher (Deutscher Alpenverein e.V. 2013; S. 8)*

Da bin ich mal wieder bei dem Begriff **Flow** aus Kapitel 1.5 (Kapitel „Herausforderungen" auf Seite 14). Bestimmte Bedingungen sind nach dem Psychologen Mihaly Csikszentmihaly für dieses Flow-Erleben wichtig:

- Es ist eine Aktivität.
- Es ist eine Herausforderung.
- Zeit und Raum für dieses Erleben sind da.
- Ein klar definiertes Ziel ist zu erkennen.
- Es stellt sich das Gefühl einer gewissen Kontrolle ein.
- Es gibt eine unmittelbare Rückmeldung (über Erfolg oder Misserfolg).

Kinder erleben diesen „Flow" oft beim Spielen. **Dabei ist Spielen nur ein verstecktes Lernen.** Es strengt aber meist nicht so an wie „richtiges Arbeiten". Deshalb ist es in unserer Gesellschaft nicht so anerkannt. Spielen ist etwas für Kinder. *Ein erfolgreicher Mensch muss auch richtig pauken können.*
Falsch!!!
Untersuchungen zeigen ganz klar, dass Lebewesen (dazu gehört auch der Mensch) schneller und nachhaltiger lernen, wenn sie Spaß dabei haben. Als großer Vertreter dieser Richtung ist hier der Neurobiologe Gerald Hüther zu nennen.
Die Gruppenleitung trägt viel zum Gruppenklima bei und sucht ja fast immer die Übungen aus. Die Gruppenleitung ist also auch für den Spaß zuständig.

Es ist dabei notwendig, dass der Anleiter selbst schon viele Übungen ausprobiert hat. Dabei merkt dieser, ob die Übungen einem Spaß machen und etwas bringen könnten. (*Außerdem finde ich es auch unfair, Übungen anderen „anzutun" ohne jemals selbst den Mut gefunden zu haben, diese auszuprobieren.*)

Probieren Sie immer viel aus und bilden Sie sich regelmäßig weiter. Als positives **Vor-bild** möchte ich hier meinen ehemaligen Ausbilder im Bereich Erlebnispädagogik, Thomas Schut-Ansteeg, nennen. Als Universitäts-Dozent war er ein reflektierter und belesener Theoretiker. Trotzdem spielte er auch noch als erwachsener Mensch gerne, bildete sich ständig weiter und probierte immer wieder neue Sachen aus.

Haben Sie Spaß und fördern Sie den Spaß der Teilnehmer!

1.9 Bewegung

„Je weniger man erlebt, desto mehr Zeit hat man, darüber zu reden."
Michael Richter

Gerade wenn es um Bewegung geht, sollte eine Gruppe nicht zu groß sein. Aber wie groß darf so eine Gruppe sein? Ruth Cohn, Entwicklerin des TZI-Modells, sagte, dass die Arbeit mit höchstens 15 Teilnehmern sinnvoll ist. In Versuchen zeigte sich, dass das Mindest-Führung-Teilnehmer-Verhältnis 1 zu 20 betragen kann (vgl. Precht 2012; S. 224 ff). Meine Lieblingsgruppengröße beträgt 12 Teilnehmer. *(Da habe ich mal was mit Jesus und Artus gemein.)* Mit 12 Menschen kann ich fast alle Gruppenübungen machen und verliere auch den einzelnen nicht so schnell aus dem Auge. Also achten Sie darauf, dass die Gruppe nicht mehr als 20 Personen hat. *(Wenn Sie Lehrer an einer Regelschule sind, haben Sie in dieser Hinsicht wohl eher Pech.)*

„Bewegung ist gesund!"
Das weiß doch jedes Kind und die Krankenkassen und Sportvereine weisen ebenfalls regelmäßig darauf hin. Es ist ja auch sinnvoll der „Verhausschweinung des Menschen" (Begriff von Konrad Lorenz) entgegen zu wirken. Erstens kann es Spaß machen (siehe Kapitel 1.8), zweitens ist es körperlich meist gesund und drittens lernen Menschen besser bei Bewegung. *Körper und Geist hängen doch irgendwie zusammen.*

Es wurde nachgewiesen, dass Kinder besser subtrahieren (minusrechnen) können, wenn sie rückwärts laufen können. Das körperliche Erleben macht es eher „greifbar" und gerade Kinder „be-greifen" erst einmal mit ihrer Hand. Dann kann dies verarbeitet und im Gehirn abgespeichert werden. Auch eine bildliche Sprache zu benutzen und alle Sinnesorgane anzusprechen, verbessert eine Verankerung im Kopf (z.B. mit den Impact-Techniken).

„Aus Erlebnissen der Seele werden Spuren im Gehirn."
Manfred Spitzer

Bewegen Sie die Teilnehmer äußerlich und innerlich!

„Der Glaube, es gebe nur eine Wirklichkeit, ist die gefährlichste Selbsttäuschung." Paul Watzlawick

Nun haben wir z.B. den jungen Mann im Training dazu gebracht, dass er zuhört, super kommuniziert und mit anderen kooperiert. Am Wochenende besäuft er sich aber wieder und bricht anderen Menschen die Nase. Wieso bewirkt dieses Training anscheinend nichts?

„Wir sprechen erst dann von Erlebnispädagogik, wenn nachhaltig versucht wird, die Erlebnisse durch Reflexion und Transfer pädagogisch nutzbar zu machen." Werner Michl (2011; S. 10)

Wie bereits beschrieben, kann Erlebnispädagogik keine Wunder bewirken. Es gibt Menschen, die haben ihre 19 Lebensjahre lang gelernt, andere Menschen zu verletzen. 40 Stunden Training können diese Menschen nicht plötzlich von Grund auf ändern. Außerdem liegen im vorderen Teil des menschlichen Gehirns die Bereiche, die u.a. für das Abwägen, das langfristige Planen und die Moral zuständig sind. Bei pubertierenden Menschen befinden sich diese Bereiche „in einem Zustand ständiger Überforderung" (Precht 2013; S. 137). Es dauert also schon neurobiologisch so seine Zeit bei jungen Menschen, bis moralisches Abwägen fest installiert werden kann. Doch was tun in dieser Zeit?

Die Wissenschaftler Thomas Shelley Duval und Robert Wicklund stellten bereits in den frühen 70er Jahren fest, dass Kinder tatsächlich Bonbons „klauen", wenn sie die Gelegenheit dazu haben. Es wurde aber auch festgestellt, dass sie meistens davor zurückschreckten, wenn sie sich dabei im Spiegel beobachteten (vgl. Precht 2012; S. 266 ff). Viele sinnvolle Ansätze von Therapie und Sozialer Arbeit setzen Menschen „nur" diesen Spiegel vor. Doch das ist einfacher gesagt als getan. Es geht darum, das Erlernte aus dem geschützten Rahmen der Maßnahme in die „reale Welt" zu transferieren.

Es gibt verschiedene Transfermodelle, um das Trainingswissen auch im Alltag anwenden zu können. Die beiden gängigsten Modelle sind Outward Bound plus (Aktion und danach Reflexion) und das metaphorische Grundmodell nach Stephen Bacon (Erlebnis durch Metaphern in den Alltag transferieren).

Simon Priest entwickelte mit Michael Gass das **Modell des metaphorischen Lernens** (vgl. Michl 2011; S. 75 ff). Dieses unterteilt sich in fünf Phasen:

1. Phase - Analyse:

Zuerst wird die Lebenswelt der Teilnehmer (TN) analysiert. Es wird geschaut und auch gefragt, welche Problemlagen vorhanden sind. Dann wird überlegt, welches Ziel mit dem Training erreicht werden soll,

z.B. Problemlage: Einige TN berichten, dass sie bisher noch nie etwas bis zum Ende durchgehalten haben. Als Ziel wird benannt, dass die TN das gesamte Training bis zum Schluss durchhalten möchten.

2. Phase - Gestaltung eines besonderen Erlebnisses

Danach wird nach einem Erlebnis oder einer Übung gesucht, die man metaphorisch mit Problemlage und Ziel verbinden kann,

z.B. wird am Anfang eine lange, anstrengende Wanderung durchgeführt. Der Anleiter sucht Metaphern, mit welchen er das Erlebnis und den Alltag verbinden kann.

3. Phase – Aktion:

Dann wird die Aktion durchgeführt,

z.B. wandern die Teilnehmer.

4. Phase - Reflexion:

Nach der Aktion wird reflektiert, entweder mit den analogen Medien (Schlümpfe, Autos usw. siehe Kapitel 7.2 – Reflexionen) oder es werden Fragen gestellt,

z.B. „In welchen Momenten wolltest du aufgeben?" oder „Was hat dir geholfen, damit du weitermachtest?"

5. Phase - Transfer in den Alltag:

Als letztes erfolgt der Transfer. Dabei werden die Erkenntnisse dieser Aktion auf andere Felder in der „richtigen realen Wirklichkeit" übertragen,

z.B. werden die Antworten auf die Frage „Was hat geholfen, dass du die Wanderung durchgehalten hast?" auf Schulausbildung usw. übertragen.

Schaffen Sie einen Transfer in die Wirklichkeit außerhalb der Gruppe!

2   Aller Anfang ist ...

„Wir leben in einer Welt, die wir uns einbilden."
Johann Gottfried Herder

Im Praxisbuch „125 Übungen zur Gewaltprävention" (von 2011) bin ich hauptsächlich auf die Gruppenphasen (siehe S. 15) eingegangen und habe die Übungen dementsprechend sortiert. Beide Bücher ergänzen sich und können zusammen genutzt werden.
Auch hier fange ich mit der ersten Phase an. *Das halte ich weiterhin für sinnvoll.* In der Anfangsphase gibt es viele Unsicherheiten. Deshalb sollte der Anleiter klar und strukturiert sein. Hier sind Übungen gefragt, mit denen sich die Teilnehmer besser kennen lernen und zusammen Spaß haben. Ein gutes Klima ist nämlich für das Gelingen jeder Maßnahme extrem wichtig (siehe S. 17 ff).

2.1   Kennen lernen

„Kinder, die man nicht liebt, werden Erwachsene, die nicht lieben."
Peral S. Buck

Menschen sind „Rudeltiere" und möchten sich in der Gruppe austauschen. Das Kennenlernen der Gruppenteilnehmer und Trainer ist eine wichtige Vorstufe, um Vertrauen aufzubauen. Mit „Hey Du" oder „Wie heißt Du noch mal" wird dieser Prozess immer wieder gestört. Die Teilnehmer sind aber auch auf der Suche nach Gemeinsamkeiten. Und sobald man Gemeinsamkeiten gefunden hat, fühlt man sich der anderen Person ähnlicher und ist sich sympathischer. Wir finden z.B. einen anderen Menschen direkt sympathischer, wenn wir erfahren, dass dieser das gleiche Geburtsdatum hat (vgl. Precht 2012; S. 283 ff). Gerade in der Anfangsphase suchen die Teilnehmer nach Orientierung und möchten deshalb viele Informationen über die anderen bekommen. Durch diese „Kennen-Lern-Übungen" verbessert sich das Klima. Es wird oft gelacht und das Zusammengehörigkeitsgefühl wächst.

2.1.1 Mein Knastbruder

Material:	kein
Gruppengröße:	ab 4
Vorbereitungszeit:	keine
Durchführungszeit:	10 Min. Vorgespräch + ca. 1 Min. pro Person

Beschreibung:

Zwei Teilnehmer tauschen sich zehn Minuten aus und stellen sich danach gegenseitig als einen „Knastbruder" in der Gruppe vor, z.B. als Mitglied einer gefürchteten Mafia-Familie.

Anmerkungen:

Dies ist keine Übung, die Sie so in einer Justizvollzugsanstalt durchführen sollten. Es ist auch möglich, als Zirkusdirektor den anderen als Attraktion oder als Ringsprecher den anderen als Boxer anzusagen.

2.1.2 Klopapier

Material:	Rolle Klopapier
Gruppengröße:	ab 4
Vorbereitungszeit:	keine
Durchführungszeit:	ca. 1 Min. pro Person

Beschreibung:

Jeder Teilnehmer soll so viele Blätter von einer Klopapierrolle abreißen, wie er möchte. Dann stellen sich alle mit ihren abgerissenen Blättern im Kreis auf und jeder erzählt pro Blatt (welches er abgerissen hat) etwas über sich.

Anmerkungen:

Da meistens eine Person zu Beginn ganz viele Blätter abreißt, führt dies schon zu einer lustigen Grundstimmung, wenn die Aufgabe erklärt wird und dieser ganz viele Blätter in der Hand hält.

2.1.3 Kreative Namensbuchstaben

Material:	Papier / Stifte
Gruppengröße:	ab 2
Vorbereitungszeit:	keine
Durchführungszeit:	10 Min. Bild malen
	+ ca. 1 Min. pro Person

Beschreibung:

Jeder Teilnehmer soll zu den Buchstaben seines Namens Wörter zuordnen, die ihn beschreiben. Dann malt er diese auf ein Blatt und stellt sich mit diesen Eigenschaften vor.

Anmerkungen:

Es ist auch möglich, dies mit Hobbys oder Sachen zu machen, die der Teilnehmer mag. Es muss auch nicht unbedingt ein Bild gemalt werden.

2.1.4 Mein Umriss

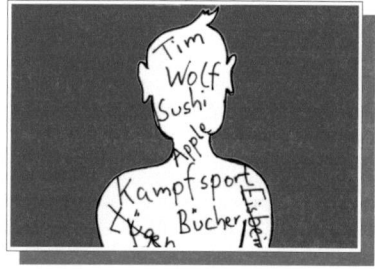

Material:	Flipchart und Stifte
Gruppengröße:	ab 2
Vorbereitungszeit:	keine
Durchführungszeit:	15 Min. Bild malen
	+ ca. 1 Min. pro Person

Beschreibung:

Jeder Teilnehmer malt seinen Umriss auf ein Flipchartpapier und schreibt verschiedene Dinge zu seiner Person in den Umriss, z.B.:
Name, Lieblingstier, Was ist typisch für mich, Warum bin ich hier, Was solltet ihr unbedingt von mir wissen, Was mag ich gar nicht, Was mag ich besonders, Was ich eigentlich nicht erzählen wollte
In der Gruppe werden die Umrisse aufgehangen und vorgestellt.

Anmerkungen:

Fragen zur Person können natürlich der Zielgruppe angepasst werden.

2.1.5 Feld 1 bis 8

Material: 8 markierte Felder
Gruppengröße: ab 2
Vorbereitungszeit: keine
Durchführungszeit: 10 Minuten

Beschreibung:
Jeder Teilnehmer soll sich bei den Fragen zwischen 1 (schlecht – gar nicht – wenig - nah) und 8 (sehr gut – sehr – viel - weit) einsortieren:
Wie geht es dir? - Wie sehr freust du dich hier zu sein? - Wie gerne magst du Schokolade? - Wie stark bist du? - Wie sportlich bist du? - Wie viele Kinder seid ihr in der Familie? - Wie weit weg von hier bist du geboren? - Wie viel TV schaust du in der Woche?

Anmerkungen:
Fragen können natürlich je nach Zielgruppe angepasst werden.
Es gibt eine gerade Anzahl von Feldern, weil sich dann niemand in die neutrale „Mitte" einsortieren kann.

2.1.6 Eigenschaften finden

Material: kein
Gruppengröße: ab 2
Vorbereitungszeit: keine
Durchführungszeit: 5 Minuten

Beschreibung:
Der erste Teilnehmer (TN) sagt eine Eigenschaft von sich. Der nächste TN nennt eine seiner Eigenschaften, welche mit dem letzten Buchstaben der erst genannten Eigenschaft anfängt. usw. usw.

Anmerkungen:
Als Variation nennt jeder TN Eigenschaften mit dem gleichen Anfangsbuchstaben wie der eigene Name.

2.1.7　3 Gemeinsamkeiten – 3 Unterschiede

Material:	kein
Gruppengröße:	ab 4
Vorbereitungszeit:	keine
Durchführungszeit:	20 Minuten

Beschreibung:

Jeweils zwei Teilnehmer (TN) suchen innerhalb von sechs Minuten bei sich drei Gemeinsamkeiten und drei Unterschiede. Dann setzen sich jeweils zwei Zweier-Gruppen zusammen und suchen zu viert innerhalb von sechs Minuten bei sich drei Gemeinsamkeiten und drei Unterschiede. Diese werden dann in der Gruppe kurz vorgestellt.

Anmerkungen:

Es gibt leichte Möglichkeiten (Wir haben alle eine Nase.) oder auch schwierige (Wir haben alle eine Oma, die den Musikantenstadl mag.). Die TN sollten ermutigt werden die schwierige Variante zu wählen.

2.1.8　Geschichten zum Namen

Material:	kein
Gruppengröße:	ab 2
Vorbereitungszeit:	keine
Durchführungszeit:	ca. 2 Minuten pro Person

Beschreibung:

Jeder Teilnehmer (TN) erzählt etwas zu seinem Namen, z.B. Bedeutung, Warum von den Eltern ausgewählt, Kollegen oder Persönlichkeiten mit gleichem Namen. Dafür hat jeder TN 1 Minute Zeit.

Anmerkungen:

Es ist interessant, was man da so erfährt. Ich wurde z.B. nach einem blonden Jungen in einer Reinigungsmittel-Werbung der 70er Jahre benannt: Tim, Bello und Dual.

2.1.9 Die Eieruhr

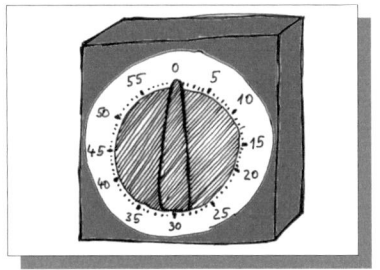

Material:	Eieruhr (oder Stoppuhr oder Handy)
Gruppengröße:	ab 8
Vorbereitungszeit:	keine
Durchführungszeit:	10 Minuten

Beschreibung:

Eine Eieruhr wird dreimal durch die Teilnehmerrunde gereicht. Bevor diese (auf zwei Minuten oder mehr eingestellt) klingelt, muss jeder pro Runde eine kurze Information über sich preisgeben, z.B.: Informationen zur Person - Worauf ich mich in dieser Gruppe freue - Was ich gar nicht mag – usw.

Anmerkungen:

Die Aussage „weiß nicht" (oder Ähnliches) ist nicht erlaubt. Die Informationsabfrage kann natürlich der Zielgruppe angepasst werden (mal kurze Informationen oder sehr private).

„Das Leben ist voller verwirrender, mehrdeutiger Erfahrungen, für die der Mensch eine Erklärung sucht." Daniel Freeman

Aufwärmübungen (auch Icebreaker-Spiele / Eisbrecher-Übungen / Warm-Ups oder kurz Wups) schaffen „Nestwärme". Menschen werden lockerer, haben Spaß und berühren sich (im doppelten Sinne) öfter mal gegenseitig. Diese Auflockerungen sind auch zwischen Theorieeinheiten sinnvoll. Danach können die Teilnehmer meist wieder ruhiger sitzen und sich besser konzentrieren. Beim Aufwärmen geht es neben der Einstimmung um die Erhöhung der Leistungs-bereitschaft. Die Aufwärmphase ist kein (Fitness-) Training. Sie darf nicht zu einer Ermüdung des Körpers führen, sondern diesen nur aktivieren. Im Idealfall bewegt sich der Körper und manchmal etwas im Kopf. Die NLP-Lehrtrainerin Anita Heyer hat sich auf die Verbindung von Kommunikation und Körper spezialisiert und deshalb ihren Ansatz „NLP in Bewegung" getauft.

2.2.1   Bodyguard

Material: Softball
Gruppengröße: ab 4
Vorbereitungszeit: keine
Durchführungszeit: 10 Minuten

Beschreibung:
Ein Teilnehmer (TN) beschützt einen TN, welcher von den anderen TN abgeworfen werden soll. Wird der zu beschützende TN getroffen, ist der „Bodyguard" die nächste „Zielscheibe". Der treffende TN wird dann Bodyguard.

Anmerkungen:
Wenn sich die „Zielscheibe" traut, kann dieser auch die Augen verbunden werden. Sie kann dann nicht ausweichen und muss sich komplett auf den „Bodyguard" verlassen.
Es gibt die Möglichkeit, dass die werfenden TN sich nicht von der Stelle bewegen dürfen oder die Variation, dass alle herumlaufen dürfen.

2.2.2 Katze und Hunde

Material:	3 Softbälle
Gruppengröße:	ab 8
Vorbereitungszeit:	keine
Durchführungszeit:	10 Minuten

Beschreibung:

Im Teilnehmer(TN)kreis werden zwei Bälle (die Hunde) immer dem nächsten TN weitergereicht. Ein Ball (die Katze) wird in der Gruppe umher geworfen. Wenn ein Hund die Katze berührt, verliert diese ein Leben. Wenn die Katze alle neun Leben verloren hat, ist diese Übung beendet.

Anmerkungen:

Zur Unterstützung können die Teilnehmer bei den Hundebällen „Wau-wau" und bei Katzenbällen „Miau" sagen.

2.2.3 Doing-Ball

Material:	großer Flummi
Gruppengröße:	ab 6
Vorbereitungszeit:	keine
Durchführungszeit:	ab 10 Minuten

Beschreibung:

Zwei Mannschaften versuchen, dass der Flummi einen bestimmten Bereich trifft (z.B. kleines Feld beim Basketballkorb). Der Flummi muss aber beim Wurf erst den Boden berühren.

Die Mannschaftsmitglieder dürfen sich den Flummi zuwerfen. Der Teilnehmer, der den Flummi in der Hand hält, darf aber nicht weiterlaufen (auch nicht, wenn er dribbelt). Sonst ist „alles" erlaubt. Also VORSICHT und Fairness einfordern.

Anmerkungen:

Es kann ein sehr schnelles, „brutales" und anstrengendes Spiel sein und war eines der Lieblingsspiele meines erlebnispädagogischen Ausbilders an der Uni.

2.2.4   Herum - herum

Material: kein
Gruppengröße: ab 5
Vorbereitungszeit: keine
Durchführungszeit: 5 Minuten

Beschreibung:
Alle Teilnehmer (TN) stehen im Kreis und jeder TN soll sich einen anderen TN ausgucken. Auf ein Zeichen soll jeder TN diesen anderen ausgesuchten TN umrunden und wieder zurück zu seinem Platz laufen. Danach guckt sich jeder TN zwei andere TN aus, dann drei.

Anmerkungen:
Hiernach können Sie nach Strategien fragen und wie diese ausgesehen haben. Gab es überhaupt Strategien? Oder könnte man welche im Nachhinein entwickeln?

2.2.5   Gleichseitiges Dreieck

Material: kein
Gruppengröße: ab 5
Vorbereitungszeit: keine
Durchführungszeit: 5 Minuten

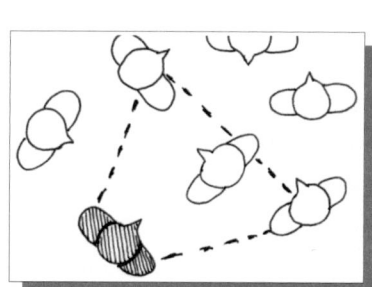

Beschreibung:
Alle Teilnehmer (TN) stehen im Kreis und jeder TN guckt sich zwei TN aus. Auf ein Zeichen sollen sich die TN so hinstellen, dass diese jeweils mit den ausgeguckten TN ein gleichseitiges Dreieck bilden.

Anmerkungen:
Bewegt sich ein TN, hat dies direkt Auswirkungen auf die gesamte Gruppe (Systemisches Denken?).
Sie können auch die Aufgabe stellen, ein gleichschenkeliges oder rechtwinkliges Dreieck zu formen.
Nur ein „einfaches Dreieck" zu formen ist sinnlos, weil drei Punkte immer ein Dreieck ergeben. :-)

2.2.6 Das doppelte Lottchen

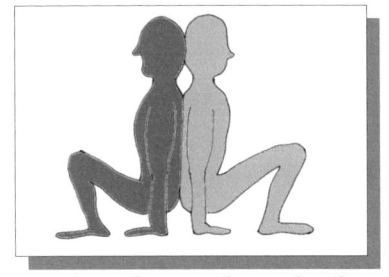

Material:	kein
Gruppengröße:	ab 4
Vorbereitungszeit:	keine
Durchführungszeit:	5 Minuten aufwärts

Beschreibung:
Zwei Teilnehmer (TN) sitzen mit dem Rücken aneinander und nach dem Startkommando versucht jedes „doppelte Lottchen", sich gemeinsam vorwärts zu bewegen. Die Paare, die ihre Rücken-an-Rücken-Haltung aufgeben, scheiden aus.

Anmerkungen:
Es kann auch ein Parcours ausgearbeitet werden, welchen die Paare zu durchlaufen haben.

2.2.7 Evolution

Material:	kein
Gruppengröße:	ab 10
Vorbereitungszeit:	keine
Durchführungszeit:	20 Minuten

Beschreibung:
Bis zu sechs Entwicklungsstufen werden vorgestellt:
1. Amöbe (Schwimmbewegungen) 2. Insekt (summen, Flügel schlagen)
3. Frosch (quaken, Hocke hüpfen) 4. Dinosaurier (gebeugt aufrecht, laut brüllen)
5. Gorilla (Hände auf Brust klopfen) 6. Mensch (stehen bleiben, Hand unter Kinn)
Alle sind anfangs eine Amöbe und wollen sich auf die nächsthöhere Ebene entwickeln. Das tun sie, indem sich zwei gleicher Gattung treffen und ausknobeln (Schere-Stein-Papier), wer zum nächsthöheren Level fortschreitet. Der Verlierer muss wieder eine Stufe zurück. Wer einmal Mensch geworden ist, bleibt dabei und genießt das Zusehen.

Anmerkungen: Es dürfen immer nur gleichartige Wesen miteinander knobeln. Das bedeutet auch, dass am Schluss von jedem Wesen mindestens eines übrig ist!

2.2.8 Wäscheklammer-Frisur

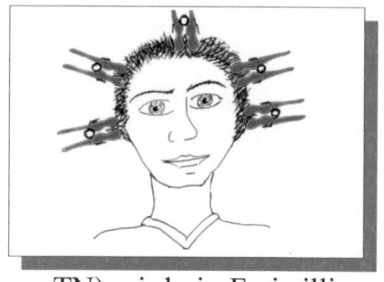

Material: Wäscheklammern
Gruppengröße: ab 6
Vorbereitungszeit: keine
Durchführungszeit: 15 Minuten

Beschreibung:
Aus jedem Team (pro Team drei bis fünf Teilnehmer – TN) wird ein Freiwilliger benötigt, *der Lust auf eine neue Frisur hat*. In die Mitte zwischen den Teams wird nun ein Korb mit den Wäscheklammern gestellt. Die TN dürfen nun jeweils eine Wäscheklammer nehmen, zu ihrem Freiwilligen rennen und ihm diese Wäscheklammer in die Haare klemmen. Nach fünf Minuten wird gezählt, bei wem mehr Wäscheklammern in den Haaren klemmen.

Anmerkungen:
VORSICHT, dass die Wäscheklammern behutsam angebracht und abgenommen werden! Bei einigen Gruppe kann es Widerstände geben, z.B. aus Eitelkeit. Es ist auch möglich als Variation die Klammern an der Kleidung zu befestigen.

2.2.9 Zeitung sortieren

Material: 1 Zeitung pro TN
Gruppengröße: ab 2
Vorbereitungszeit: keine
Durchführungszeit: ab 15 Minuten

Beschreibung:
Die Seiten jeder Zeitungsausgabe werden im Vorfeld durcheinander gebracht. Jeder Teilnehmer (TN) erhält eine Ausgabe. Die Aufgabe ist es nun, diese Zeitung wieder in die richtige Reihenfolge zu bringen. Dabei darf niemand die anderen TN berühren und auch die Zeitung darf <u>nicht</u> abgelegt werden.

Anmerkungen:
Als Kooperationsaufgabe können Sie alle Ausgaben durcheinander bringen. Jeder TN erhält einen Stapel und am Ende soll jeder eine „richtige" Ausgabe in der Hand halten. Die Seiten dürfen <u>nicht</u> abgelegt werden. Dies dauert meist länger.

2.3   Gruppen einteilen

2.3.1   Durchzählen
Durchzählen immer bis zur gewünschten Gruppenanzahl, z.B. 1, 2, 3, - 1, 2, 3

2.3.2   selbst wählen lassen
Dauert ein wenig länger und kann zu Spannungen führen, aber auch spannend sein.

2.3.3   zerschnittene Paare
Vorher verschiedene Paare (z.B. Asterix u. Obelix oder Salz u. Pfeffer) ausdrucken, zerschneiden und austeilen. Nun können sich die Paare finden.

2.3.4   Schokoriegel
Vorher verschiedene Schokoriegel austeilen oder auf den Platz legen. Nun sollen sich die passenden Kleingruppen zusammenfinden, *z.B. das Raider-Team.*

2.3.5   Paare darstellen
Vorher Paare auf Papier schreiben (z.B. Wolf-Rotkäppchen oder Dick-Doof), verteilen und diese sollen sich dann durch Pantomime finden.

2.3.6   Tiergeräusche
Tierzettel verteilen und die gleichen Tiere sollen sich durch Geräusche finden.

2.3.7   Größe einteilen
Gruppe stellt sich nach Größe auf und die nebeneinander sind die Kleingruppen.

2.3.8   Summen
Lieder-Zettel (Happy Birthday, Hänschen klein, Alle meine Entchen, *Atemlos*) verteilen und Teilnehmer sollen sich durch Summen der Lieder finden.

2.3.9   Mensch Meier
Verschiedene Meier-Zettel werden verteilt und diese sollen ihr Gegenstück finden: Meier, Maier, Meyer, Mayer, Meir, Mair, Meiyer, Maiyer, Meiar, Maiar, Meiher, Maiher

3 Zwischensnacks

Doch ist der Mensch wirklich so einzigartig? Schließlich stimmen fast 50% unseres Genoms mit dem von Hefe überein und 99% mit dem von Mäusen (vgl. Bauer 2010 S. 79).

Übungen zwischendurch sollen Spaß machen und auflockern. Um Informationen besser zu verarbeiten, benötigt der Mensch zwischendurch Bewegung. Außerdem wachsen Vertrauen und Zusammengehörigkeitsgefühl, wenn die Gruppe zusammen Spaß hat.

Ich habe einmal neun Übungen mit Bierdeckel (Kapitel 3.1) und neun ohne Bierdeckel (Kapitel 3.2) zusammengestellt. Natürlich gibt es gerade ohne Bierdeckel unendlich viele Übungen.

3.1 Übungen mit Bierdeckeln

„Der Bierdeckel im Format genau den CSU-Wählern entspricht: Sehr flach, sehr begrenzt, sehr saugfähig." Ottfried Fischer

Sinnvoll ist es, wenn der Anleiter nicht so viel Material mitschleppen muss. Deshalb sollte dieser zu jedem Gegenstand immer mehrere Übungen parat haben.

Günstig oder teilweise umsonst bekommt man Bierdeckel in Getränkemärkten, Brauereien oder Kneipen. Werbeaufdrucke von alkoholhaltigen Getränken sind aber bei Kindern und Menschen mit Suchtproblematik nicht zu empfehlen.
Ansonsten kann man welche im Internet bestellen (ab 15,- Euro für 1.000 Stück) oder sie auch selbst bedrucken lassen (ab 180,- Euro für 2.500 Stück). Es gibt auch unbedruckte Bierdeckel (ab 6,- Euro für 100 Stück).

Ein weiterer Vorteil: Bierdeckel sind leicht zu transportieren.

3.1.1 Bierdeckel-Transport

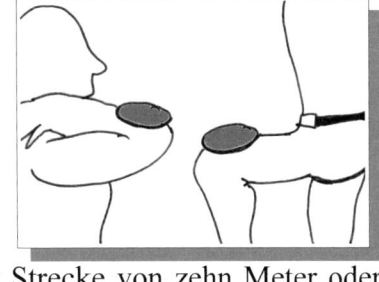

Material: Bierdeckel
Gruppengröße: ab 2
Vorbereitungszeit: keine
Durchführungszeit: 10 Minuten

Beschreibung:
Wer kann auf dem Kopf einen Bierdeckel auf der Strecke von zehn Meter oder mehr transportieren?

Anmerkungen:
Knie und Unterarm sind weitere beliebte Körperteile. Als Kooperationsaufgabe dürfen die Teilnehmer den Bierdeckel im Kreis nur mit dem gewählten Körperteil weitergeben.

3.1.2 Bierdeckel-Staffellauf

Material: Bierdeckel
Gruppengröße: ab 4
Vorbereitungszeit: keine
Durchführungszeit: 10 Minuten

Beschreibung:
Wettrennen zwischen zwei oder mehreren Kleingruppen. Es darf immer nur ein Bierdeckel pro Läufer auf der Strecke von A nach B gebracht werden.

Anmerkungen:
Wenn die Gruppen motiviert sind, ist diese Übung sehr anstrengend.

3.1.3 Bierdeckel-Zielwerfen

Material: Bierdeckel, Eimer o.Ä.
Gruppengröße: ab 2
Vorbereitungszeit: keine
Durchführungszeit: 10 Minuten

Beschreibung:
Ein Eimer (eine Kiste, ein Loch oder ein Feld) befindet sich in fünf Meter Abstand vom Werfer. Wer trifft oft das Ziel? Oder wer trifft aus der weitesten Entfernung?

Anmerkungen:
Als Ziel kann auch ein schachbrettartiges Spielfeld dienen (z.B. mit Kreppband). Jedes Feld bringt eine definierte Punktzahl.

3.1.4 Bierdeckel- Schlacht

Material: Bierdeckel, Kreppband
Gruppengröße: ab 4
Vorbereitungszeit: keine
Durchführungszeit: 10 Minuten

Beschreibung:
Zwei Kleingruppen haben ein jeweils definiertes Feld, z.B. wird in der Raummitte eine Linie (z.B. mit Kreppband) gezogen. In jedem Feld liegen viele Bierdeckel. Jede Gruppe wirft nun die Bierdeckel in den anderen Bereich. Welche Kleingruppe hat nach fünf Minuten weniger Bierdeckel im eigenen Feld?

Anmerkungen:
Um die Bierdeckel wieder einzusammeln, können Sie den Bierdeckelturm (nächste Übung 3.1.5) bauen lassen.
Als Variation können Sie auch ein Tuch zwischen die Gruppen spannen.
Damit nicht alle Bierdeckel eingesammelt und zwei Sekunden vor Schluss rübergeworfen werden, können weitere Regeln reingegeben werden (z.B. nur einen Deckel pro Hand oder höchstens drei Sekunden Deckel in der Hand halten).
VORSICHT: Bei mir ist in dieser Übung nie etwas passiert. Eine Kollegin berichtete aber, dass eine Brille durch einen geworfenen Bierdeckel zu Bruch ging.

3.1.5 Bierdeckel-Turm

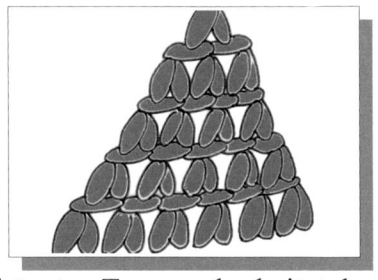

Material: Bierdeckel, Kreppband
Gruppengröße: ab 4
Vorbereitungszeit: keine
Durchführungszeit: 10 Minuten

Beschreibung:
Welche Kleingruppe baut den höchsten oder den schönsten Turm und arbeitet dabei am besten zusammen? Nur Bierdeckel und Kreppband sind erlaubt.

Anmerkungen:
Eine Wand als Stütze ist nicht zugelassen. Als Variation können Sie auch das Kreppband weglassen.

3.1.6 Bierdeckel-Straße

Material: Bierdeckel
Gruppengröße: ab 4
Vorbereitungszeit: keine
Durchführungszeit: 10 Minuten

Beschreibung:
Alle zusammen oder in kleinen Gruppen: Es wird ein Straßennetz mit Brücken und Kreuzungen gebaut, indem die Bierdeckel aneinander gelegt werden.

Anmerkungen:
Die Übung ist eher für Kinder geeignet, trotzdem sind auch einige Jugendliche und Erwachsene dafür zu begeistern.

3.1.7 Bierdeckel-Magie

Material: Bierdeckel, Stock
Gruppengröße: ab 4
Vorbereitungszeit: keine
Durchführungszeit: 10 Minuten

Beschreibung:
Zwei Teilnehmer (TN) aus der Gruppe sind eingeweiht – ein Magier und ein Medium. Neun Bierdeckel sind im Quadrat angeordnet. Das Medium verlässt den Raum. Die Gruppe einigt sich auf einen Bierdeckel. Das Medium betritt den Raum und soll diesen Bierdeckel „erraten". Der Magier deutet mit einem Zauberstab (Stock) auf jeden Bierdeckel und stellt immer die Frage: „Medium sag mir, haben wir uns für diesen Bierdeckel entschieden?" Das Medium wird den richtigen Bierdeckel benennen. Durchschaut ein TN den Trick, darf er sich ausprobieren und als zweites Medium fungieren.

Anmerkungen:
Der Trick ist: Der Bierdeckel auf den als erstes gezeigt wird, ist von Magier und Medium in ein gedachtes Schachbrettmuster unterteilt, so wie die Bierdeckel auf dem Boden liegen. Deutet der Magier nach oben rechts, ist der Bierdeckel oben rechts ausgewählt.

3.1.8 Bierdeckel-Bedeckung

Material: Bierdeckel
Gruppengröße: ab 4
Vorbereitungszeit: keine
Durchführungszeit: 10 Minuten

Beschreibung:
Ein Teilnehmer (TN) wird komplett mit Bierdeckeln bedeckt bis er nicht mehr zu sehen ist.

Anmerkungen:
Das Ende der Aktion bestimmt der TN unter den Bierdeckeln.

3.1.9 Bierdeckel-drehen

Material:	Bierdeckel, Edding
Gruppengröße:	ab 4
Vorbereitungszeit:	einmalig 10 Minuten
Durchführungszeit:	10 Minuten

Beschreibung:

Zur Vorbereitung wird auf jeweils einer Seite jedes Bierdeckels ein Kreuz mit Edding gemalt. Wenn Sie es besonders schön haben möchten, kann auch eine Seite rot und die andere Seite blau angemalt oder beklebt werden.

Die Bierdeckel werden auf dem Boden verteilt, sowohl mit Kreuz als auch ohne Kreuz nach oben. Dann versuchen zwei Untergruppen ihre jeweilige Seite nach oben zu drehen. Gewinner sind die, die nach fünf Minuten die meisten Deckel mit der „ihrer" Seite nach oben liegen haben.

Anmerkung:

Anstatt am Ende die Bierdeckel zu zählen, können Sie auch zwei Stappeltürme (Kreuz oben / Kreuz unten) bauen lassen und schauen, welcher höher ist.

3.2 Übungen OHNE Bierdeckel

„Die Gewalt ist über lange Zeiträume immer weiter zurückgegangen, und heute dürften wir in der friedlichsten Epoche leben, seit unsere Spezies existiert." Steven Pinker (2013, S. 11)

Es ist für die Gruppenarbeit immer wichtig, recht flexibel zu sein und einige Übungen im Hinterkopf zu haben. Ideal ist es, wenn diese recht kurz sind und wenig Material erfordern.

Trotzdem sollte eine Gruppenleitung einige Materialien immer dabei haben:

Softbälle – Kreppband – Papier – Stifte – Augenbinden – Seil (10 m)

3.2.1 Ups

Material:	kein
Gruppengröße:	ab 4
Vorbereitungszeit:	keine
Durchführungszeit:	10 Minuten

Beschreibung:
Ein Gruppe zählt durch und anstelle von 7-er-Zahlen (7 enthalten oder durch sieben teilbar, also 7, 14, 17, 21, 27, 28, 35 usw.) sagt dieser Teilnehmer: „Ups!"

Anmerkung:
Mehrere Zahlenreihen sind kombinierbar, z.B. 4-er-Zahlen durch „ping" ersetzen, 6-er-Zahlen durch „pong". *42 wäre dann z.B. „ups – ping – pong".*

3.2.2 Gefühlsball

Material:	1 Ball
Gruppengröße:	ab 6
Vorbereitungszeit:	keine
Durchführungszeit:	10 Minuten

Beschreibung:
Ein Ball wird im Kreis zusammen mit einem pantomimisch dargestellten Gefühl weitergegeben, z.B. vorsichtig, wütend, belustigt, traurig, verliebt aber auch „heiß und fettig" oder wie eine Bombe. Die Gruppe versucht das Gefühl zu erraten.

Anmerkungen:
Die Gefühle können selbst ausgewählt oder auch vorgeben werden, z.B.:
beeindruckt - begeistert - dankbar - erwartungsvoll - fröhlich - gute Laune - heiter - lustig - hoffnungsvoll – mutig - offen für ...- stolz - aufgewühlt - ausgeglichen - gelassen – gelöst - gespannt - zweifelnd - nachdenklich – träge - ungeduldig - unsicher - unschlüssig - verunsichert - melancholisch - ängstlich - ärgerlich - außer mir - beleidigt - besorgt - beunruhigt – entsetzt – enttäuscht - erregt - misstrauisch - neidisch - schockiert - traurig - verärgert - verzweifelt - wütend - zornig

3.2.3 Mein Schatz ...

Material: kein
Gruppengröße: ab 4
Vorbereitungszeit: keine
Durchführungszeit: 10 Minuten

Beschreibung:
Alle Teilnehmer (TN) sitzen im Kreis. Ein TN setzt sich zu jemandem auf den Schoß, schaut dieser Person in die Augen und sagt: „Mein Schatz, wenn du mich liebst, dann lächle!" Die Person muss antworten, ohne zu lachen: „Mein Schatz, ich liebe dich, aber ich kann nicht lachen!" Lacht die Person trotzdem, ist sie „dran".

Anmerkung:
Diese Übung ist eine eine gute Vorbereitung für Rollenspiele.
VORSICHT: Alles mit Berührungen sollte gut beobachtet werden. Stellen Sie sich vor, Sie haben eine Person mit Missbrauchserfahrungen in der Gruppe. Nun zwingen Sie diese Person sich auf den Schoß eines anderen zu setzen. Achten Sie deshalb auf die Körpersprache und auf Widerstände.

3.2.4 Die Sibyllen

Material: Papier / Stift
Gruppengröße: ab 4
Vorbereitungszeit: keine
Durchführungszeit: Minuten

Beschreibung:
Ein Teilnehmer (TN) schreibt eine beliebige Frage auf. Ohne diese zu sehen, sagt ein anderer TN (die „Sibyllen" von griechisch Seherin) eine Antwort. Das Medium (ein weiterer TN) erklärt nun, warum diese Antwort richtig für die aufgeschriebene Frage ist.

Anmerkungen:
Kreativität, Spontanität und Kommunikationsfähigkeit sind hier gefragt.

3.2.5 Streichholz

Material: Streichhölzer
Gruppengröße: ab 2
Vorbereitungszeit: keine
Durchführungszeit: 5 Minute

Beschreibung:
Jeder Teilnehmer (TN) bekommt drei Streichhölzer. Alle TN zünden gleichzeitig ein Streichholz an. Wer kann am längsten die Flamme mit seinen drei Streichhölzern halten?

Anmerkungen:
Sie können dies auch mit einer Stoppuhr messen, um zu vergleichen.
VORSICHT: für kleinere Verbrennungen am Finger ein Glas Wasser bereit halten.

3.2.6 Whiskeymixer–Wachsmaske–Messwechsel

Material: kein
Gruppengröße: ab 5
Vorbereitungszeit: keine
Durchführungszeit: 10 Minuten

Beschreibung:
Im Kreis geben die Teilnehmer (TN) den Begriff „Whiskeymixer" nach links weiter. Sagt ein TN „Wachsmaske", so geht es in die Gegenrichtung weiter. Sagt ein TN „Messwechsel" und schaut dabei einen anderen TN an, so geht die Runde dort weiter.

Anmerkungen:
Diese Übung kann sehr unterhaltsam sein. Auch andere Wortkombinationen wie „Bierbrauer", „Biobauer" und „Tierklauer" oder „chinesisches Schüsselchen", „Cottbusser Postkutschkasten" und „spitze Schnitzholzritzenschlitzer" sind möglich.

3.2.7 Konzentrationskette

Material:	kein
Gruppengröße:	ab 3
Vorbereitungszeit:	keine
Durchführungszeit:	10 Minuten

Beschreibung:

Im Kreis führt der erste Teilnehmer (TN) eine Bewegung (z.B. Kopfnicken) verbunden mit einen Geräusch (z.B. Händeklatschen) vor. Der nächste TN wiederholt dies und fügt eine neue Kombination hinzu. usw. Wer eine Kombination vergisst, scheidet aus.

Anmerkungen:

„Ich packe meinen Koffer" mal ein wenig anderes. Erfordert auf jeden Fall Ruhe und Konzentration. Anstelle des Geräusches kann jeder TN auch seinen Namen sagen. So lernt die Gruppe die Namen der anderen TN sehr schnell.

3.2.8 Schuhturm

Material:	kein
Gruppengröße:	ab 3
Vorbereitungszeit:	keine
Durchführungszeit:	15 Minuten

Beschreibung:

Die Teilnehmer (TN) sollen einen Schuhturm mindestens zehn Sekunden halten. Die Schuhe (die Füsse stecken noch darin) müssen hochkant aufeinander gestellt werden. Die TN dürfen nicht ihre beiden Schuhe direkt übereinander stellen.

Anmerkungen:

Der Trainer kann die Variante mit Hilfsmittel (Stühle, Tische) oder ohne Hilfsmittel wählen.
Hier kann es zu Widerständen kommen, wenn einige TN sehr auf die Sauberkeit ihrer Schuhe achten.

3.2.9 Vertrauenspendel

Material: kein
Gruppengröße: ab 3
Vorbereitungszeit: keine
Durchführungszeit: 15 Minuten

Beschreibung:
Der Teilnehmer (TN) in der Mitte macht sich steif und lässt sich nach hinten fallen. Die beiden äußeren TN pendeln den mittleren immer hin und her.

Anmerkungen:
Die Standard-Übung des Vertrauens. Dies kann auch im Kreis mit einem TN in der Mitte durchgeführt werden. Vorher sollte die Körperspannung geübt werden.

44

4   Einer für alle …

„Grundprinzipien der Biologie sind Kooperation, Kommunikation und Kreativität." Joachim Bauer

Zusammenarbeits-(Kooperations-)übungen fördern den Zusammenhalt in der Gruppe und das soziale Lernen jedes Einzelnen. Es gibt keine Sieger oder Verlierer. Die Gruppe als Ganzes ist gefordert. Sie bekommt eine Aufgabe, die ihre Teamfähigkeit auf die Probe stellt. Jeder muss seinen Teil dazu beitragen, dass die Herausforderungen gelöst werden können.

Eine arbeitsfähige Gruppe braucht gemeinsame Anliegen und Ziele. Damit diese zusammen erreicht werden, sollten sich die Teilnehmer darüber austauschen und einigen. Im engeren Sinne entsteht eine Gruppe nur dann, wenn sich die einzelnen Teilnehmer in einem bestimmten Ausmaß gegenseitig brauchen und vor allem brauchen wollen, damit sie ihre Ziele erreichen. Um dorthin zu kommen, sollte sich die Gruppe über ihre Ziele verständigen. Hierzu muss der einzelne wiederum bereit sein, ein hohes Maß an Informationen über die Bedürfnisse und Beweggründe der anderen Mitglieder und der Umwelt aufzunehmen und auszutauschen.

4.1   Kooperationsübungen

„Man kann in Kinder nichts hineinprügeln, aber vieles herausstreicheln." Astrid Lindgren

Menschen sind „Rudeltiere" und Kooperationsübungen beinhalten alles, was für das menschliche Zusammenleben wichtig ist, z.B. Vertrauen, Stärken nutzen, Schwächen zugeben und natürlich Kommunikation, Kommunikation und Kommunikation. Gerade wenn sich die Teilnehmer körperlich berühren, kommen sie sich schnell auch emotional näher. Bei Jungen fällt da oft der Spruch: „Ich bin doch nicht schwul!" Dies ist natürlich ein toller Einstieg für eine Diskussion zu den Themen Homosexualität und Vorurteile.

4.1.1 Alien

Material:	2-Meter-Schnüre (Anzahl = TN-Hälfte)
Gruppengröße:	ab 10
Vorbereitungszeit:	keine
Durchführungszeit:	10 Minuten

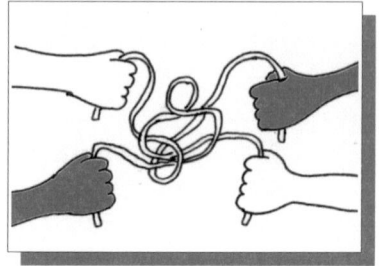

Beschreibung:
Seile werden überkreuz gelegt und teilweise einmal umschlungen. Die Teilnehmer (TN) haben die Aufgabe, die Seile am Ende zu packen und die Überkreuzanordnung aufzulösen. Durch Übersteigen oder Unterkriechen ist dies zu lösen.

Anmerkungen:
Dies kann mit zwei Seilen und vier TN begonnen werden. Dann ist es natürlich sehr leicht und es wird immer ein Seil mehr dazu genommen, bis jeder TN ein Seilende hat. Der „Gordische Knoten" aus dem Buch „125 Übungen zur Gewaltprävention" ist die Variation ohne Seil.

4.1.2 Gruppen-Seilspringen

Material:	10m-Seil (oder länger)
Gruppengröße:	ab 4
Vorbereitungszeit:	keine
Durchführungszeit:	10 Minuten

Beschreibung:
Zwei Teilnehmer (TN) schwingen ein Seil mit ca. sechs Meter Abstand. Dann laufen die anderen TN einzeln durch (ohne das Seil zu berühren), dann zu zweit, dann zweimal über das Seil springen, dann als Vierergruppe.

Anmerkung:
Auf einem Bein oder mit einer größeren Gruppe zu springen ist möglich, wenn die Gruppe recht sportlich ist.

4.1.3 Minenfeld

Material: Kreppband, Augenbinden
Gruppengröße: ab 4
Vorbereitungszeit: 5 bis 20 Minuten
(je nach Minenfeld)
Durchführungszeit: 15 Minuten

Beschreibung:
Mit Kreppband wird ein Feld (5 x 15 m) auf dem Boden markiert. Dort werden Signalkegel und anders Material als „Minen" verbaut. Es wird im Zweierteam gearbeitet. Einem Teilnehmer (TN) werden die Augen verbunden. Sein Partner steht am anderen Ende des „Minenfeldes" und ruft dem TN zu, wie er durch dieses gelangt ohne eine „Mine" zu berühren. Dann werden die Rollen getauscht.

Anmerkungen:
Besondere Spannung entsteht bei Rasierschaumhäufchen und Mausefallen als Minen. Es ist auch möglich das Minenfeld zu vergrößern (z.B. eine ganze Turnhalle), mehrere TN gleichzeitig losgehen zu lassen oder es durch Störgeräusche (z.B. lautes Radiorauschen) zu erschweren.

4.1.4 Stühle kippeln

Material: Stühle
Gruppengröße: ab 5
Vorbereitungszeit: keine
Durchführungszeit: 15 Minuten

Beschreibung:
Es wird ein Stuhlkreis gebildet. Die Teilnehmer (TN) stellen sich hinter die Stühle. Alle Stühle werden auf die zwei vorderen Beine gekippt und mit jeweils der linken Hand in dieser Position festgehalten. Die Aufgabe liegt nun darin einen Stuhl weiter zu gehen, ohne dass dabei ein Stuhl wieder auf allen vier Beinen steht oder umkippt. Dabei darf nur die rechte Hand benutzt werden.

Anmerkungen:
Dann sollen die TN zwei Stühle weiter gehen oder die Stühle nach hinten kippen.

4.1.5 Knieliege

Material:	eventuell Stühle
Gruppengröße:	ab 4
Vorbereitungszeit:	keine
Durchführungszeit:	10 Minuten

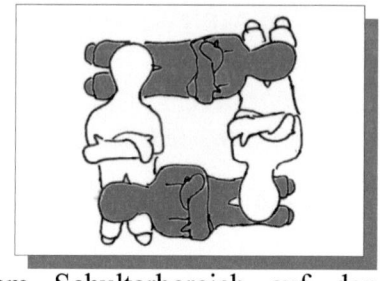

Beschreibung:
Die Teilnehmer (TN) sollen jeweils mit ihrem Schulterbereich auf den Oberschenkeln eines anderen liegen (bei vier Personen also im Quadrat – siehe Zeichnung).

Anmerkungen:
Am einfachsten ist es, wenn die TN sich auf Stühle setzen und sich dann langsam auf den Schoss des anderen nach hinten beugen. Wenn alle stabil sind, werden die Stühle entfernt.

4.1.6 Am seidenen Faden

Material:	4 Rollen Klopapier
Gruppengröße:	ab 6
Vorbereitungszeit:	keine
Durchführungszeit:	20 Minuten

Beschreibung:
Die Teilnehmer (TN) bekommen vier Rollen Klopapier und sollen damit eine Konstruktion bauen, mit der ein TN getragen wird.

Anmerkungen:
Als Herausforderung können Sie einen Parcours vorgeben oder bauen, welche die TN mit dem getragenen TN begehen dürfen. Unter oder über Tische zu gehen ist dabei immer eine nette Sache.
VORSICHT: Hier ist es natürlich notwenig, die Person sehr langsam und kurz über den Boden zu tragen.

4.1.7 Autsch

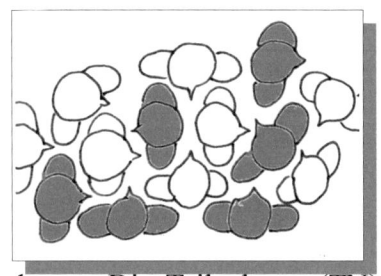

Material: kein
Gruppengröße: ab 5
Vorbereitungszeit: keine
Durchführungszeit: 15 Minuten

Beschreibung:
Die Gruppe soll den kleinstmöglichen Raum einnehmen. Die Teilnehmer (TN) dürfen sich aber nicht berühren.

Anmerkungen:
Dies ist eine Abwandlung von „Kleinstes Haus" (siehe Buch „125 Übungen zur Gewaltprävention"). Dabei dürfen sich die TN berühren. Das schafft dann richtig viel „Nestwärme". Ich nehme „Autsch" oft als Einstieg und gehe dann zu „Kleinstes Haus" über.

4.1.8 Die Treppe

Material: Treppe, Streichhölzer
Gruppengröße: ab 8
Vorbereitungszeit: keine
Durchführungszeit: 25 Minuten

Beschreibung:
Die Teilnehmer (TN) sollen die Treppe hinunter gelangen, aber jede Stufe darf höchstens von zwei TN direkt betreten werden.

Anmerkungen:
Zur Orientierung können Sie den TN Streichhölzer geben, um die Stufen zu markieren, die betreten wurden.

4.1.9 Einbruch

Material:	Fäden
Gruppengröße:	ab 3
Vorbereitungszeit:	keine
Durchführungszeit:	20 Minuten

Beschreibung:
Bindfäden werden wie Laserstrahlen im Raum gespannt. Ein Teilnehmer (TN) soll sich unter Anleitung durch diese Laserstrahlen bewegen ohne einen davon zu berühren.

Anmerkungen:
Weitere Möglichkeiten sind:
- Die gesamte Gruppe geht nacheinander durch.
- Oder einem TN oder mehreren werden die Augen verbunden.
- Oder TN werden aneinander gefesselt oder getragen.
- Oder Gruppen spielen gegeneinander. Diese kreieren dann jeweils einen „einbruchsicheren" Bereich und die anderen versuchen durchzukommen.

4.2   Problem-Löse-Übungen

„Ich glaube, dass Erziehung Liebe zum Ziel hat. Wenn Kinder ohne Liebe aufwachsen, darf man sich nicht wundern, wenn sie selber lieblos werden." Astrid Lindgren

Problem-Löse-Aufgaben sind meist komplexer und oft langwieriger als „einfache" Kooperationsübungen. Die Übergänge sind fließend, aber oft ist noch ein wenig mehr „gesunder Menschenverstand" und logisches Denken notwendig. Kommunikation und Teamabsprachen sind zur Erfüllung des Ziels zwingend erforderlich.

4.2.1 Mein Stift - Mein Spitzer - Mein Block

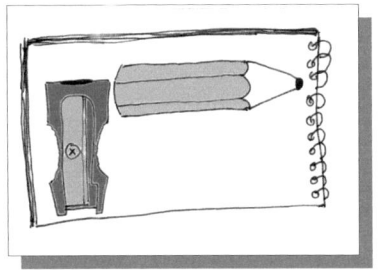

Material: Papier, drei Bleistifte, Anspitzer

Gruppengröße: ab 6

Vorbereitungszeit: keine

Durchführungszeit: 60 Minuten

Beschreibung:
Drei Kleingruppen werden gebildet und geben sich einen Gruppennamen.
- Team 1 hat drei Bleistifte mit abgebrochener Spitze.
- Team 2 hat einen Anspitzer.
- Team 3 hat 60 Blatt Papier.
Aufgabe: Gewinner ist die Gruppe, die nach 30 Minuten auf den meisten Papieren den Gruppennamen geschrieben hat. Die Zettel dürfen nicht zerrissen werden und es dürfen nur die ausgeteilten Materialien benutzt werden. Jede Gruppe geht in eine Ecke des Raumes und benennt einen Diplomaten, welcher nur alleine in die anderen Gruppen gehen darf, um Verhandlungen zu führen.

Anmerkungen:
Hier ist der Weg das spannende. Deshalb ist eine längere Reflexion nach dieser Übung sinnvoll. Es können auch alle drei Gruppen gewinnen ;-)

4.2.2 Spaghetti-Turm

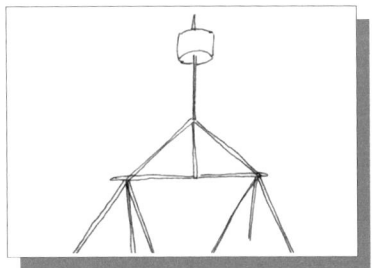

Material: Spaghetti, Tesa, Marshmallow

Gruppengröße: ab 6

Vorbereitungszeit: keine

Durchführungszeit: 20 Minuten

Beschreibung:
Welches Dreier-Team baut den höchsten und schönsten Turm aus Spaghetti und Tesa, auf dessen Spitze ein Marshmallow thront.

Anmerkungen:
Ich weiß: MIT ESSEN SPIELT MAN NICHT! Macht trotzdem Spaß.

4.2.3 Pipeline

Material:
1 Tennisball
1m-Plastikregenrinnen
(Anzahl = TN-Anzahl)

Gruppengröße: ab 6
Vorbereitungszeit: keine
Durchführungszeit: 20 Minuten

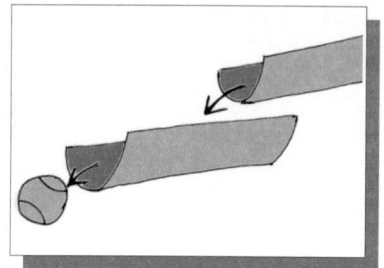

Beschreibung:
Die Teilnehmer (TN) sollen einen Tennisball über eine Strecke von 100 Metern in einen Eimer (ein Loch, ein Feld oder Ähnliches) transportieren. Die Regeln:
1) Jeder TN hat ein Regenrinnenstück und darf auch nur dieses berühren.
2) Keine Hand darf den Tennisball berühren.
3) Befindet sich der Ball in der Regenrinne, darf dieser TN nicht gehen.
3) Fällt der Ball zu Boden startet die Gruppe vom Startpunkt.
4) Jeder TN muss am Transport beteiligt sein.

Anmerkungen:
Die Übung kann in Kleinteams gegeneinander oder auf Zeit ausgeführt werden.

4.2.4 Murmelbahn

Material:
DinA4 Papier, Tesa,
Schere und Murmel

Gruppengröße: ab 6
Vorbereitungszeit: keine
Durchführungszeit: 60 Minuten

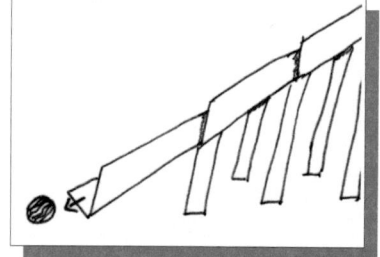

Beschreibung:
Welches Dreierteam baut in 45 Minuten mit Papier, Tesa und Schere die schönste, höchste und längste Murmelbahn? Jede Kleingruppe bekommt das Material mit dem Auftrag eine lange, stabile und gut aussehende Murmelbahn zu bauen.

Anmerkungen:
Über Schönheit stimmen die Teilnehmer ab. Die Höhe wird gemessen und die Laufzeit der Kugel wird gestoppt.

4.2.5 Kollektives Zeichnen

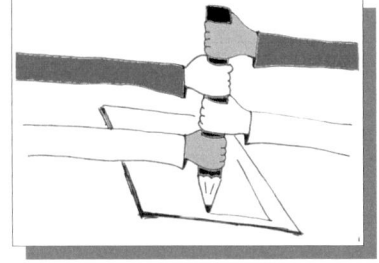

Material:	Poster, Papier, Stifte
Gruppengröße:	ab 6
Vorbereitungszeit:	10 Minuten
Durchführungszeit:	20 Minuten

Beschreibung:
Ca. 30 Bilder oder Poster werden im Raum ausgelegt oder aufgehängt. Teams von drei bis vier Teilnehmern (TN) halten zusammen einen Stift und sollen in zehn Minuten so viele Bilder wie möglich nachzeichnen.

Anmerkungen:
Sie können auch vorher vier gleichlange Kordelstücke hinten an einem Filzstift befestigen, so dass die Stiftspitze nach unten hängt. Nun können vier TN jeweils einen Stift führen, indem jeder das Ende eines Kordelstücks hält.

4.2.6 Kostbare Flüssigkeit

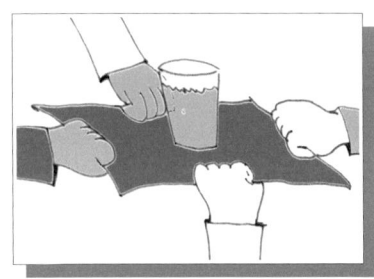

Material:	Gefäss Wasser, Tuch
Gruppengröße:	ab 4
Vorbereitungszeit:	keine
Durchführungszeit:	20 Minuten

Beschreibung:
Die Teilnehmer halten zusammen ein Tuch jeweils am Rand. Darauf befindet sich ein Gefäß (Becher, Eimer) mit Wasser. Nun soll eine gewisse Strecke abgegangen werden ohne das Wasser verschüttet wird.

Anmerkungen:
Sehr schöne Übung für draußen, gerade wenn das Gelände uneben ist und viele Hindernisse vorhanden sind.

4.2.7 Farbenblind

Material:	24 farbige Formen, Augenbinden
Gruppengröße:	8 bis 22
Vorbereitungszeit:	20 bis 90 Minuten
Durchführungszeit:	45 Minuten

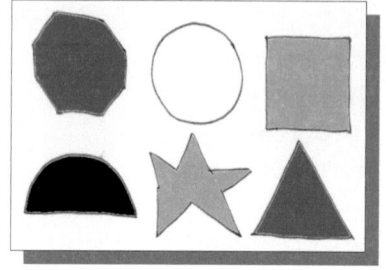

Beschreibung:
Die Teilnehmer (TN) setzen sich im Raum verteilt auf Stühle und bekommen die Augen verbunden. Dann bekommt jeder TN ein bis drei Teile in die Hand. Es gibt **sechs Formen** in **vier Farben** (also 24). Zwei Formen werden nicht verteilt. Die Gruppe muss die fehlenden Formen und dessen Farben herausfinden. Wird eine Form hochgehalten, nennt der Spielleiter dessen Farbe. Formen müssen erfühlt und den anderen mitgeteilt werden. Welche Formen können erfühlt werden? Wer hat die Gleichen? Wie oft sind welche/selbe Farbe(n) vertreten? Usw.

Anmerkungen:
Erst für Jugendliche (ab 14 Jahre) geeignet. Die Formen können Sie aus Holz, Plastik oder Pappe herstellen. Deshalb auch die Spanne bei der Vorbereitungszeit.

4.2.8 Stühle rücken

Material:	Stühle, Papier, Stift
Gruppengröße:	ab 8
Vorbereitungszeit:	5 Minuten
Durchführungszeit:	20 Minuten

Beschreibung:
Die Teilnehmer (TN) sitzen im Stuhlkreis. Vorher wurde an jedem Stuhl ein Papier mit einem TN-Namen befestigt. Der Boden darf nicht mehr berührt werden und jeder TN soll nachher auf seinem Stuhl sitzen.

Anmerkungen:
Variationen sind, dass die TN die Stühle bewegen dürfen oder dass diese stehen bleiben müssen. Auch können Sie die „Stuhlsicherheit" erhöhen, indem höchstens zwei TN einen Stuhl betreten dürfen.

4.2.9 Codeknacker

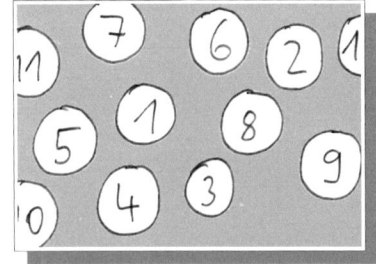

Material: Papierteller / Edding
Gruppengröße: ab 3
Vorbereitungszeit: 5 Minuten
Durchführungszeit: 20 Minuten

Beschreibung:

In einem Seilkreis liegen 20 Pappteller/ Karten, die auf der Unterseite mit den Zahlen 1-20 beschriftet sind. Die Aufgabe der Gruppe besteht darin, die Zahlen in der richtigen chronologischen Reihenfolge aufzudecken. TN dürfen sich in einem Nebenraum beraten und einen Plan entwickeln. Bei der Durchführung der Aufgabe darf nicht gesprochen werden und bei jeder Drehung darf nur jeweils eine Person in den Seilkreis sein. Bei einem Fehler beginnt das Ganze von vorne.

Anmerkungen:

Schwieriger ist es, wenn dann noch Zahlen fehlen oder nicht die chronologische Reihenfolge sondern ein vorher ausgedachter Code aufgedeckt werden muss.

5   Das muss raus

Zwei Fische unterhalten sich: „Hör auf zu nerven!" - „Ich kann nicht. Ich bin ein Stör!"

Hier sind Übungen gemeint, die körperlichen Einsatz verlangen. Meist geht es darum, sich gegen andere durchzusetzen, etwas länger halten oder etwas schneller zu können. Dies kann ein Kletterwettbewerb um ein Möbelstück (Tisch-bouldern), ein Armwegziehen in Liegestützposition oder ein Kampf nach Regeln in Schutzbekleidung sein. Die Übungen werden gerne in der Jungenpädagogik eingesetzt, sind aber für Mädchen genauso gut geeignet. Oft sind es schnelle Übungen. Der Blutdruck der Teilnehmer wird in die Höhe getrieben. Erstens ist sportliche Betätigung gesund, zweitens macht es Spaß und drittens sind die Teilnehmer danach oft ruhiger und konzentrierter.

5.1   Kraft- und Geschicklichkeitsübungen

Ein 100-jähriger Mann wird von einem Reporter gefragt, wie er es geschafft hat so alt zu werden. Dieser antwortet: „Ich streite mich nie!" - „Das kann doch wohl nicht alles sein!" - „Da haben Sie bestimmt Recht!"

Einige Ansätze kommen aus dem Bereich „New Games". Dies sind hauptsächlich alte Tobespiele, die von Anti-Vietnamkriegs-Aktivisten mit theoretischem und philosophischem Hintergrund neu entwickelt wurden. Allen „New Games" gemein ist, dass sie Kopf und Bauch ansprechen und praktisch von allen Altersgruppen gespielt werden können.
Hier habe ich einige Übungen herausgesucht in welchen die Teilnehmer den eigenen „Schweinehund" überwinden sollen. Deshalb können diese Übungen immer als „Gegeneinander" oder „Miteinander" genutzt werden, z.B. indem die Gruppe zusammen eine bestimmte Zeit durchhalten soll (z.B. Übungen 2 und 5).

5.1.1 Um jemanden herumklettern

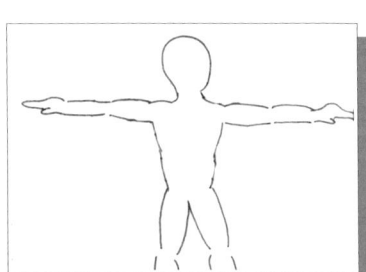

Material: kein
Gruppengröße: ab 2
Vorbereitungszeit: keine
Durchführungszeit: 15 Minuten

Beschreibung:
Ein Teilnehmer (TN) stellt sich stabil hin und ein anderer klettert um diesen herum ohne den Boden zu berühren.

Anmerkungen:
Hierbei ist darauf zu achten, dass die Gewichtsunterschiede nicht zu groß sind.
Natürlich kann man auch um viele andere Sachen herumklettern, z.B. Tische (Tisch-bouldern), Hochbetten, Traktoren usw.
(Auf Studienfahrten entdeckten meine Kommilitonen und ich im fortgeschrittenen Abendbereich oft sehr interessante Klettermöglichkeiten. Wenn sich der Blick erweitert, werden plötzlich viele neue Chancen eröffnet.)

5.1.2 Arme hochhalten

Material: kein
Gruppengröße: ab 1
Vorbereitungszeit: keine
Durchführungszeit: keine 10 Minuten

Beschreibung:
Alle Teilnehmer halten ihre Arme waagerecht im rechten Winkel hoch. Wer kann diese dort am längsten halten?

Anmerkungen:
Es können auch Stühle oder andere Gegenstände hochgehalten werden.

5.1.3   Daumen-Catchen

Material: kein
Gruppengröße: ab 2
Vorbereitungszeit: keine
Durchführungszeit: 10 Minuten

Beschreibung:
Zwei Teilnehmer (TN) verhaken sich mit der gleichen Hand mit den vier Fingern (siehe Bild). Mit dem Daumen versucht jeder TN den Daumen des anderen kurz runterzudrücken. Dann werden die Punkte gezählt.

Anmerkungen:
Hier sind kräftige lange Daumen natürlich von Vorteil. Trotzdem kann man mit Geschicklichkeit auch viele Punkte holen.

5.1.4   Arm befreien

Material: kein
Gruppengröße: ab 2
Vorbereitungszeit: keine
Durchführungszeit: 10 Minuten

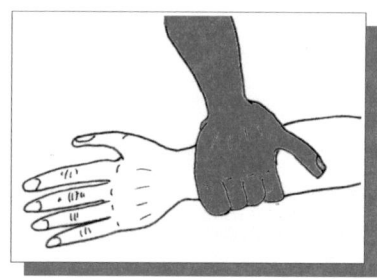

Beschreibung:
Ein Teilnehmer (TN) packt das Handgelenk eines anderen TN. Nun soll dieser sein Handgelenk befreien. Dann wird gewechselt.

Anmerkungen:
Danach wird reflektiert. Was funktionierte gut? Was eher schlecht? Ist Kraft oder Geschwindigkeit von Vorteil? Gibt es eine „tolle" Technik? Kennt jemand etwas aus dem Kampfsport? Wie aggressiv wäre man im „Ernstfall"? War man bereit, den anderen TN zu verletzen? Ist jemand auf die Idee gekommen, den anderen zu fragen, ob er ihn loslässt???

5.1.5 An der Wand sitzen

Material: kein
Gruppengröße: ab 2
Vorbereitungszeit: keine
Durchführungszeit: 10 Minuten

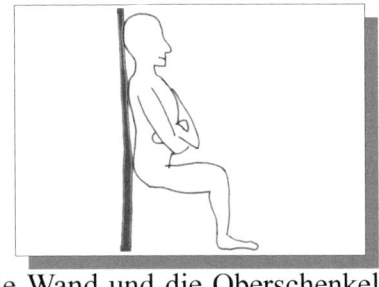

Beschreibung:
Die Teilnehmer lehnen sich mit dem Rücken an die Wand und die Oberschenkel sollen im rechten Winkel zu den Unterschenkeln stehen. Jetzt geht es darum, wer am längsten die Stellung halten kann.

Anmerkungen:
Mein Luta Livre-Trainer nennt dies liebevoll „Ausruhposition beim Bein-Fick-Training".

5.1.6 Zweierpurzelbaum

Material: Matten, weicher Boden
Gruppengröße: ab 2
Vorbereitungszeit: keine
Durchführungszeit: 10 Minuten

Beschreibung:
Zwei Teilnehmer (TN) sollten jeweils in etwa das gleiche Gewicht haben. Dann legt sich ein TN auf den Rücken und der andere TN steht und nimmt den Kopf zwischen seine Füße. Dann greifen beide die Fußfesseln des anderen (siehe Bild). Beide sollen sich nun rollend fortbewegen.

Anmerkungen:
Daraus sollten Sie kein Wettrennen machen, weil die Verletzungsgefahr sonst zu hoch ist (Nacken, Rücken usw.). Langsam durchgeführt ist diese Übung viel kräfteraubender. Auch sollte dieser Purzelbaum nur auf weichem Boden durchgeführt werden.

5.1.7 Mausefalle

Material:	4 Reifen
Gruppengröße:	ab 1
Vorbereitungszeit:	keine
Durchführungszeit:	15 Minuten

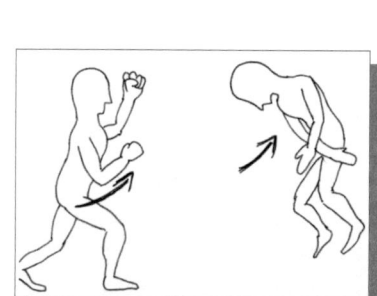

Beschreibung:

Ein Reifen wird auf den Boden gelegt. Zwei weitere Reifen werden in diesen Reifen zu einem Dach zusammen gestellt und oben drüber kommt der vierte Reifen (siehe Bild). Jetzt sucht sich jeder Teilnehmer eine Lücke, über die er einsteigt und eine, wo er aussteigt. Dann geht es los und die „Mausefalle" darf nicht zusammenstürzen.

Anmerkungen:

Dieses Gebilde ist sehr wackelig und schnell erfährt man, warum dies „Mausefalle" heißt. Die Übung hat oft einen hohen Aufforderungscharakter, kann aber auch zu Frustrationen führen. Ich finde es am leichtesten in Liegestützposition von links nach rechts zu kommen. Der Po ist beim Herauskommen aus der Mäusefalle oft der *Schwachpunkt*.

5.1.8 Schattenboxen

Material:	kein
Gruppengröße:	ab 2
Vorbereitungszeit:	keine
Durchführungszeit:	15 Minuten

Beschreibung:

Zwei Teilnehmer (TN) stellen sich in ca. fünf Meter Abstand gegenüber. Nun findet in Zeitlupe eine Schlägerei ohne Berührung statt. Schlägt der eine TN zum Kopf des anderen, so kann dieser sich ducken, kontern, blocken oder den Schlag abbekommen. Der TN kann natürlich auch hinfallen.

Anmerkungen:

Die Übung können Sie ruhig oder auch mit „Ton" (Schreie usw.) machen. Als Reflexion können Sie darauf eingehen, welche Verletzungen entstehen könnten.

5.1.9 Bermudadreieck

Material: Kreppband
Gruppengröße: ab 5
Vorbereitungszeit: keine
Durchführungszeit: 15 Minuten

Beschreibung:
Auf den Boden wird mit Kreppband ein Dreieck geklebt. Die Teilnehmer (TN) stellen sich im Kreis um dieses Dreieck. Sie halten sich an den Händen und ziehen. Tritt ein TN in das Dreieck, scheidet dieser aus. Wer wird der Letzte sein?

Anmerkungen:
In die Mitte können Sie auch Plastikflaschen stellen. Tritt ein TN eine Flasche um, so ist dieser im Bermudadreieck verschwunden.
Lassen zwei TN immer wieder die Hände los, so können Sie auch die Regel einführen, dass beide ausscheiden.

5.2 Kampfspiele

„Spartiaten treten nie den Rückzug an! Spartiaten ergeben sich nie!"
König Leonidas im Film „300"

„Kampfsport macht doch aggressiv. Die „bösen" Menschen lernen dort nur, wie man richtig zuschlägt." Warum sollte ein intelligenter Trainer also Kampfübungen zur Gewaltprävention nutzen? Darum:
- Positiver Umgang mit Kraft und Aggression
- Stärkung von Selbstbewusstsein und Handlungsfähigkeit
- Auseinandersetzung mit Gefühlen (auch Ehrgefühl und Gesichtsverlust)
- Erfahrung von wichtigen Werten (z.B. durch Riten)
- Spaß, Bewegung und Neues kennen lernen

Es ist wichtig, immer darauf hinzuweisen, dass die *„Gegner"* fair miteinander umgehen sollen. Dies sollte auch stets vorgelebt werden. Manchmal sollten Sie auch mit der Gruppe erarbeiten, was „fair" bedeutet.

5.2.1 Flamingokampf

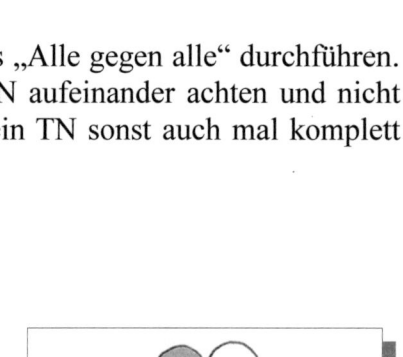

Material: kein
Gruppengröße: ab 2
Vorbereitungszeit: keine
Durchführungszeit: 10 Minuten

Beschreibung:
Zwei Teilnehmer (TN) verschränken die Arme und hüpfen auf einem Bein. Jetzt ist die Aufgabe, den anderen TN aus dem Gleichgewicht zu bringen.

Anmerkungen:
Diese Übung können Sie als Turnier oder auch als „Alle gegen alle" durchführen. VORSICHT: Hier ist noch wichtiger, dass die TN aufeinander achten und nicht übereifrig einen anderen verletzen. Da *fliegt* so ein TN sonst auch mal komplett durch den Raum.

5.2.2 Schiebekampf

Material: kein
Gruppengröße: ab 2
Vorbereitungszeit: keine
Durchführungszeit: 10 Minuten

Beschreibung:
Zwei Teilnehmer (TN) setzen sich Rücken an Rücken. Jeder TN versucht den anderen nach hinten zu schieben.

Anmerkungen:
Als Variationen:
- in Liegestützposition Schulter an Schulter
- im Sitzen Fußsohle an Fußsohle
- im Vierfüsslerstand Seite an Seite

5.2.3 Schlag mich

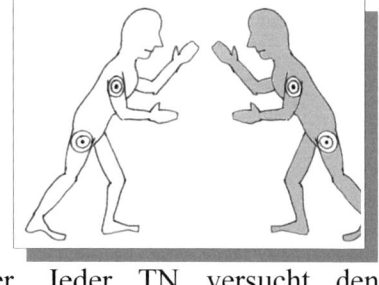

Material: kein
Gruppengröße: ab 2
Vorbereitungszeit: keine
Durchführungszeit: 10 Minuten

Beschreibung:
Zwei Teilnehmer (TN) stehen sich gegenüber. Jeder TN versucht den Oberschenkel des anderen mit der flachen Hand zu treffen.

Anmerkungen:
Dies ist eine Aufwärmübung aus dem Boxsport. Hier wird trainiert sich selbst zu schützen und den anderen zu treffen.
Als Variation können die TN noch Schulter und/oder Po als Trefferfläche dazunehmen.

5.2.4 Türsteher

Material: einen Durchgang
Gruppengröße: ab 2
Vorbereitungszeit: keine
Durchführungszeit: 10 Minuten

Beschreibung:
Ein Teilnehmer (TN) beschützt einen Durchgang. Der andere versucht vorbei zu kommen. Dann wird gewechselt.
In der einfachen Version steht der Türsteher nur „breit" in der Tür. Bei der schwierigen Variation ist der Türsteher aktiv und verhindert den Durchgang.

Anmerkungen:
Es kann auch ein kleinerer Durchgang gewählt werden (z.B. unter einen Tisch). Dann ist es für den „Türsteher" einfacher.

5.2.5 In die Gruppe

Material: kein
Gruppengröße: ab 5
Vorbereitungszeit: keine
Durchführungszeit: 10 Minuten

Beschreibung:
Eine Gruppe mit mindestens vier Teilnehmern (TN) stellt sich im Kreis auf. Ein einzelner TN versucht in die Mitte der Gruppe zu kommen.

Anmerkungen:
Danach kann der TN wieder versuchen, aus der Gruppe zu gelangen.

5.2.6 Rücken-Rücken einhaken

Material: kein
Gruppengröße: ab 2
Vorbereitungszeit: keine
Durchführungszeit: 10 Minuten

Beschreibung:
Zwei Teilnehmer (TN) setzen sich Rücken an Rücken und haken die Arme unter (siehe Bild). Dann wird jeweils eine Seite bestimmt zu welcher der TN drücken soll. Jeder versucht nun den anderen TN zu seiner Seite zu drücken.

Anmerkungen:
Diese Übung ist sozusagen eine Art Armdrücken mit dem gesamten Körper.

5.2.7 Elefant gegen Ameisen

Material:	kein
Gruppengröße:	ab 3
Vorbereitungszeit:	keine
Durchführungszeit:	10 Minuten

Beschreibung:

Ein Teilnehmer (TN) begibt sich in den Vierfüsslerstand. Zwei bis vier andere TN klammern sich an dessen Armen und Beinen fest (nur klammern, <u>nicht</u> ziehen oder zerren). Nun versucht der TN im Vierfüsslerstand eine bestimmte Strecke zu überwinden.

Anmerkungen:

Sie können dies als Wettspiel gegeneinander oder auf Zeit gestalten.
Als Variation können sich mehrere TN bewegungslos auf einen TN legen. Dieser versucht sich nun zu befreien und aufzustehen.

5.2.8 Papiertiger

Material:	Zeitungen, Wäscheklammern
Gruppengröße:	ab 4
Vorbereitungszeit:	keine
Durchführungszeit:	10 Minuten

Beschreibung:

Es treten zwei Paare gegeneinander an. Jedes Paar befestigt ein Zeitungsblatt zwischen sich an der Kleidung mit den Wäscheklammern. Das Ziel ist es, das Gegenpaar mit Oberarm- oder Schultergriff über eine Linie zu schieben, ohne dass die Zeitung dabei reißt.

Anmerkungen:

Es ist auch „drei gegen drei" oder noch mehr möglich.

5.2.9   Fußspitze an Fußspitze

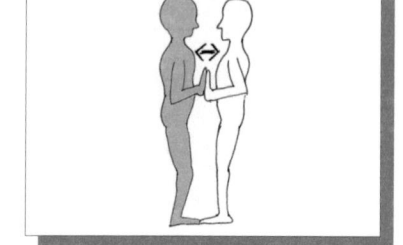

Material: kein
Gruppengröße: ab 2
Vorbereitungszeit: keine
Durchführungszeit: 10 Minuten

Beschreibung:
Zwei Teilnehmer (TN) stehen sich Fußspitze an Fußspitze gegenüber. Nur die Handflächen dürfen sich berühren und die TN versuchen den anderen aus dem Gleichgewicht zu bringen.

Anmerkungen:
Nur die Handflächen – auch Bauch und Brüste sind als Hilfsmittel nicht erlaubt.

So ein aggressives Verhalten. Bestimmt zu viele Ballerspiele!

6 Jetzt geht's los

Es war einmal ein alter Mann, der jeden Morgen einen Spaziergang am Meeresstrand machte. Eines Tages sah er einen kleinen Jungen, der vorsichtig etwas aufhob und ins Meer warf. Er rief: „Guten Morgen. Was machst du da?" Der Junge richtete sich auf und antwortete: „Ich werfe Seesterne ins Meer zurück. Es ist Ebbe, und die Sonne brennt herunter. Wenn ich es nicht tue, dann sterben sie." „Aber, junger Mann", erwiderte der alte Mann, „ist dir eigentlich klar, dass hier Kilometer um Kilometer Strand ist? Und überall liegen Seesterne. Du kannst unmöglich alle retten, das macht doch keinen Sinn." Der Junge hörte höflich zu, bückte sich, nahm einen anderen Seestern auf und warf ihn lächelnd ins Meer. „Aber für diesen macht es Sinn!"
Loren Eiseley

Da es um Gewaltprävention geht, ist es auch sinnvoll dieses Thema im Training anzusprechen. Natürlich sind Übungen zur Kooperation, Kommunikation und zum Spaß sehr wichtig. Dies beeinflusst sehr stark das Gruppenklima. Doch eine gute Suchtprävention könnte genauso beginnen. Jetzt geht es also langsam um das Eingemachte – um das Thema „Gewalt".

6.1 Konfliktverhalten

„Wer seinen Nächsten verzeiht, ist nur zu faul zum Streiten."
Johannes Gross

Ein **Konflikt** (lat.: *confligere* = aneinander geraten, kämpfen) entspringt Absichten, deren gleichzeitige Verwirklichung sich erst einmal ausschließt. Doch durch Kommunikation und Hinterfragen der jeweiligen Bedürfnisse ist es oft möglich, den Konflikt friedlich zu lösen. Die Gewaltfreie Kommunikation nach Marshall B. Rosenberg bietet hier z.B. viele gute Ansätze.

6.1.1 Chaos

Material:	kein
Gruppengröße:	ab 5
Vorbereitungszeit:	keine
Durchführungszeit:	15 Minuten

Beschreibung:
Alle Teilnehmer laufen auf engem Raum durcheinander. Zuerst langsam, dann immer schneller. Dabei soll niemand berührt werden. Dann wird immer wieder ein bestimmtes Ziel fixiert und schnellstmöglich erreicht werden.

Anmerkungen:
Hat mein Verhalten in dieser Übung etwas mit meinem Zielverhalten zu tun?

6.1.2 Wann ist ein Mann ein Mann?

Material:	kein
Gruppengröße:	ab 2
Vorbereitungszeit:	keine
Durchführungszeit:	15 Minuten

Beschreibung:
Es werden fünf Felder markiert. Die Gruppe beginnt im Feld 1 und jeder muss etwas zum Thema „Wie verhält sich ein *richtiger* Mann richtig?" sagen. Dann gehen immer alle ein Feld weiter.
Feld 2: „Welche Fähigkeiten hat ein *richtiger* Mann?
Feld 3: „Welche Einstellungen und Werte hat ein *richtiger* Mann?"
Feld 4: „Zu welchen Gruppierungen gehört ein *richtiger* Mann?"
Feld 5: „Welche Botschaft hat ein *richtiger* Mann an die Welt?"

Anmerkungen:
Bei dieser Übung geht man über die (neuro-)logischen Ebenen des Neurolinguistischen Programmierens (NLP). Dies kann man auch als schriftliche Aufgabe an die Teilnehmer geben. Insgesamt soll die Übung zur Diskussion, aber auch zum Nachdenken anregen, z.B. mit Fragen wie „War Mahatma Gandhi kein richtiger Mann, weil er nicht körperlich kämpfen wollte?"

6.1.3 Leben von Billy

Material: kein
Gruppengröße: ab 3
Vorbereitungszeit: keine
Durchführungszeit: 20 Minuten

Beschreibung:
Geben Sie den Teilnehmern (TN) die Geschichte zu lesen (siehe unten). Im Anschluss sollen diese die Risiko- und Schutzfaktoren im Leben von Billy herausfinden. (Was hat Billy unterstützt und was hat sein Leben eher erschwert.) Dies kann schriftlich, in Kleingruppen oder in der Gesamtgruppe erörtert werden. Dann sollen die TN fantasieren, wie das Leben von Billy weiter verlaufen sein könnte.

„Billy wurde kurz nach dem zweiten Weltkrieg in ärmlichen Verhältnissen geboren. Sein Vater, ein Handlungsreisender, starb wenige Monate vor der Geburt des Sohnes bei einem Autounfall. Seine Mutter war im Pflegebereich tätig und war sehr eigenständig, überließ aber in den ersten Jahren die Erziehung von Billy ihren Eltern. Der Großvater leitete eine kleine Gemischtwarenhandlung und die Familie bewohnten ein Eigenheim auf dem Lande. Die Großeltern förderten ihren Enkel, der bereits mit drei Jahren lesen konnte und die Grundschule mit Erfolg meisterte. Die Mutter heiratete neu und übernahm wieder die Erziehung. Der Stiefvater leitete ein Autohaus, war ein Glücksspieler und gewalttätiger Alkoholiker. Sein Halbbruder wurde oft vom Vater misshandelt und später als Kokain-Dealer verurteilt. In der Oberschule machte Billy erste Erfahrungen mit Nikotin und Alkohol. Zusätzlich experimentierte er mit Haschisch. Sein Stiefvater und dessen Bruder unterstützen Billy finanziell beim Studium und später bei seinen ersten politischen Aktivitäten.“

Anmerkungen:
Dies ist die Geschichte von William „Bill" Clinton (Oxford-Stipendium / Promotion in Rechtswissenschaften / Justizminister / Gouverneur Arkansas / 42. US-Präsident / Affäre ohne „Sex" mit seiner Praktikantin Monika Lewinsky)

6.1.4   Was tust du, wenn …

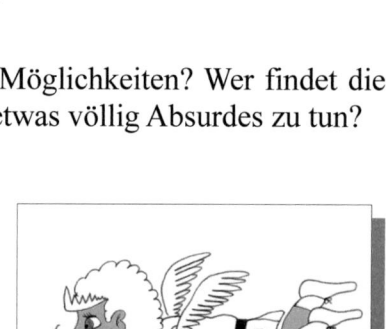

Material: kein
Gruppengröße: ab 3
Vorbereitungszeit: keine
Durchführungszeit: 20 Minuten

Beschreibung:
Als schriftliche Aufgabe oder als Gruppendiskussion werden die folgenden
Fragen beantwortet: „Was tust du, wenn …

- … dich jemand schubst?"
- … sich jemand in der Einkaufsschlange vordrängelt?"
- … dich jemand als Hurensohn bezeichnet?"
- … dich jemand anrempelt?"
- … dich jemand lange anstarrt?"

Anmerkungen:
Und was könntest du tun? Was gibt es für andere Möglichkeiten? Wer findet die
meisten Möglichkeiten? Ist es sinnvoll, manchmal etwas völlig Absurdes zu tun?

6.1.5   Wunderfrage

Material: kein
Gruppengröße: ab 1
Vorbereitungszeit: keine
Durchführungszeit: 20 Minuten

Beschreibung:
„Eine Fee kommt in der Nacht vorbei und ändert deine gewalttätige Ader. Leider
hast du geschlafen und weißt nichts davon. Wann merkst du die Veränderung? Wie
merkst du es? Wer merkt es noch? Wer merkt es als Erster? Und wodurch merkt er
dies?" Hinterher können Sie auch fragen: „Was müsste geschehen, damit du nicht
mehr schlägst?"

Anmerkungen:
Die „Wunderfrage" wurde von der Psychotherapeutin Insoo Kim Berg entwickelt,
wird aber meist ihrem Mann Steve de Shazer zugeschrieben.

6.1.6 XY-Übung

Material: 8 Blätter / Edding
Gruppengröße: ab 4
Vorbereitungszeit: 3 Minuten
Durchführungszeit: 20 Minuten

Beschreibung:
Es werden vier Gruppen gebildet. In sechs Runden entscheidet sich jede Gruppe für „X" oder „Y". Auf ein Kommando halten alle Gruppen gleichzeitig den ausgewählten Buchstaben (vorher auf Blätter geschrieben) hoch. Jede Gruppe gewinnt oder verliert dadurch Punkte:

- 4mal X   alle verlieren 10 Pkt.
- 3mal X und 1mal Y   X gewinnt 10 Pkt. / Y verliert 30 Pkt.
- 2mal X und 2mal Y   X gewinnt 20 Pkt. / Y verliert 20 Pkt.
- 1mal X und 3mal Y   X gewinnt 30 Pkt. / Y verliert 10 Pkt.
- 4mal Y   alle gewinnen 10 Pkt.

Ziel: Möglichst viele Punkte sammeln

Anmerkungen:
Es wird zu Beginn nicht gesagt, dass die Gruppen sich absprechen dürfen. Es wird aber auch nicht verboten.

Es ist auch möglich mehrere Durchgänge zu absolvieren. Meist zeigt sich, dass es am sinnvollsten ist, wenn alle Gruppen sich absprechen und zusammen Y wählen.

„Betrugsversuche" oder Diskussionen können nach Ermessen der Leitung (relativ willkürlich und gnadenlos) mit Punktabzug bestraft werden.

Bei der Zielformulierung wird extra <u>nicht</u> dazugesagt, ob eine Gruppe oder alle Gruppen gemeinsam viele Punkte zusammensammeln sollen.

6.1.7 Smartes Armdrücken

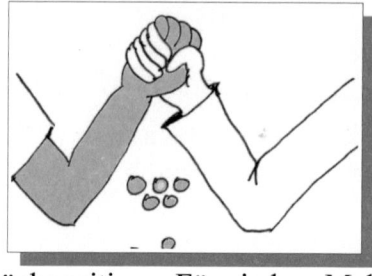

Material: Schokolinsen
Gruppengröße: ab 2
Vorbereitungszeit: keine
Durchführungszeit: 10 Minuten

Beschreibung:
Zwei Teilnehmer (TN) begeben sich in Armdrückposition. Für jedes Mal Herunterdrücken bekommt der „Sieger" eine Schokolinse. Wer hat nach 60 Sekunden die meisten Schokolinsen?

Anmerkungen:
War eine Zweiergruppe so schlau, zusammen zu arbeiten? Dann kann jeder TN leicht an die 60 Schokolinsen kommen. Sonst kann man auch mit viel Anstrengung vielleicht auf zehn Schokolinsen kommen.

6.1.8 Mal oben – Mal unten

Material: kein
Gruppengröße: ab 2
Vorbereitungszeit: keine
Durchführungszeit: 20 Minuten

Beschreibung:
Jeweils zwei Teilnehmer (TN) unterhalten sich über den letzten Urlaub. Für jeweils zwei Minuten hat der eine TN die Hände nahe an der Nase und der andere die Hände in großen Bewegungen weit weg von der Nase. Dann schaut für jeweils zwei Minuten der eine TN meistens nach oben und der andere nach unten. Jeweils die letzten zwei Minuten spricht der eine TN sehr schnell und der andere sehr langsam. Am Schluss wird reflektiert, ob dies Auswirkungen auf die Kommunikation hatte.

Anmerkungen:
Der britische Schauspiellehrer und Regisseur Keith Johnstone (*1933) entwickelte das Modell der Statuswippe. Im Buch „Angriff ist die schlechteste Verteidigung" von Rudi Rhode u.a. wird das Modell sehr gut beschrieben.

6.1.9 Fluglotsen

Material:	Augenbinden
Gruppengröße:	ab 2
Vorbereitungszeit:	keine
Durchführungszeit:	20 Minuten

Beschreibung:

Ein markiertes Gebiet wird mit verschiedenen Hindernissen bestückt. Der Fluglotse (Teilnehmer TN 1) soll von außerhalb den blinden Flieger (TN 2) führen. Der Flieger muss einen Parcours durchlaufen, ohne etwas zu berühren.

Anmerkungen:

Sind mehrere Flieger unterwegs, dürfen diese auch nicht zusammenstoßen. Als Ziel können Sie auch benennen, dass die Flieger exakt in fünf Minuten einen bestimmten Punkt erreichen müssen. Die Teams sollten aber auch immer Möglichkeiten der Absprachen haben.

Sie möchten also beide jeweils die gesamten Drogen-, Waffen- und Prostitutionsgeschäfte kontrollieren. Na, da werden Sie wohl von Ihren grundsätzlichen Standpunkten abweichen und Ihre Bedürfnisse hinterfragen müssen!

6.2   Warum tue ich das?

"Das menschliche Gehirn bewertet zugefügten körperlichen Schmerz auf die gleiche Weise wie soziale Ausgrenzung oder Demütigung, was zur Folge hat, dass beides – physischer wie psychischer Schmerz – mit Aggression beantwortet wird." Joachim Bauer (2008, S. 33)

Die Verantwortung für eine Gewalttat wird oft vom Täter abgelehnt. Die amerikanischen Soziologen Gresham Sykes und David Matza sprechen von Neutralisierungstechniken, um Schuldgefühle zu vermeiden. Gewalttäter lieben Rechtfertigungsstrategien, die ihr Verhalten ins positive Licht rücken.

Es existieren die unterschiedlichsten Strategien zur Vermeidung von Schuldgefühlen:
- Der Alkohol war schuld!
- Der andere hat angefangen!
- Alle anderen prügeln sich auch!
- Jemand anders hat vorher mich verprügelt!
- Die anderen haben mehr zugeschlagen!
- Er hat es verdient!
- Ich habe mich doch hinterher mit ihm vertragen!
- Ich musste meine Ehre retten!
- Er hat meine Familie beleidigt! (*sehr beliebt*)
- Der andere ist kein „richtiger" Mensch!

Menschen entwickeln also Techniken, um andere Menschen überhaupt schlagen zu können. Und damit meine ich <u>nicht</u> die Techniken zur Muskelkraft. Der Mensch möchte erst einmal von Natur aus andere Menschen <u>nicht</u> verletzen. Er trainiert im Kopf Begründungen, um andere verletzten zu dürfen.
Wenn es möglich ist, Techniken zu entwickeln, um andere zu verletzten - muss es doch auch möglich sein, Techniken zu entwickeln, um verständnisvoller zu werden. ODER???

Hier nun einige Übungen, in welchen sich der Teilnehmer mit sich selbst auseinander setzt, um vielleicht im besten Fall Verständnis für andere zu entwickeln.

6.2.1 Gewalt-Zeitlinie

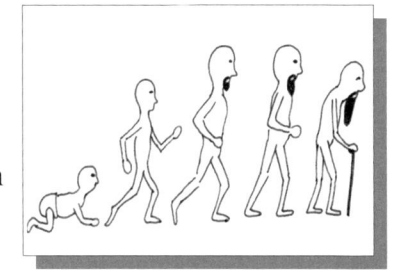

Material:	15 Blatt Papier, Stift
Gruppengröße:	ab 1
Vorbereitungszeit:	keine
Durchführungszeit:	25 Minuten pro Person

Beschreibung:

Diese Übung sollte am besten mit einem Teilnehmer (TN) durchgeführt werden. Es werden 15 Felder im Raum markiert (Geburt, 5, 10, 15, 20, 25, 30, 35, 40, 50, 60, 70, 80 und 90 Jahre, Tod). Der TN stellt sich auf das Feld „Geburt", beschreibt sein Leben und wo dort Gewalt vorhanden war. Dies macht er bis zu seinem jetzigen Alter. Dann beschreibt er, wie sein Leben sich entwickeln könnte und wo dort noch Gewalt vorhanden ist. Mit 90 Jahren blickt er noch einmal auf sein Leben zurück und soll seinem jüngeren Selbst (von heute) einen Ratschlag für sein Leben geben. Dann sagt der TN, was auf seinem Grabstein stehen wird und was die Trauergäste über ihn reden.

Anmerkungen:

Diese Übung nutzt die „Timeline" des Neurolinguistischen Programmierens (NLP). Es gibt viele Möglichkeiten, die Übung zu gestalten:

* Die Übung kann mit geschlossenen Augen - nur im „Kopf" - stattfinden.
* Es kann auch ein Playmobil-Männchen stellvertretend über einen 100cm-Zollstock gehen.
* Auch ist es möglich, zweigleisig zu gehen. Erst einmal so weitergehen, wenn es bei dem TN nicht so gut läuft und wo er dann landet. Beim zweiten Mal geht der TN einen Weg, wenn er einige Aspekte im Leben ändert.
* Ich habe die Zeitlinie auch schon in Einzelfällen als Hausaufgabe aufgegeben.
* Die Gruppen-TN können dies auch gleichzeitig schriftlich ausfüllen.
* Die größte Wirkung wird aber erzielt, wenn nur ein TN den Weg selbst geht (so wie in der Beschreibung geschrieben).

6.2.2 Cat-Walk

Material:	kein
Gruppengröße:	ab 1
Vorbereitungszeit:	keine
Durchführungszeit:	10 Minuten pro Person

Beschreibung:

Jeweils ein Teilnehmer (TN) geht alleine durch den Raum.
Level 1: Der TN wird von allen anderen angeschaut.
Level 2: Der Trainer stellt sich dem TN in den Weg.
Level 3: Der Trainer spricht den TN an.

Anmerkungen:

Hiernach können Sie optimal auf das Thema Körpersprache eingehen. 55 bis 100% der Kommunikation findet über die Körpersprache statt, und dies meist unbewusst.

Dies ist auch eine gute Vorübung für den „Gassenlauf" aus dem Buch „125 Übungen zur Gewaltprävention".

6.2.3 Was guckst Du?

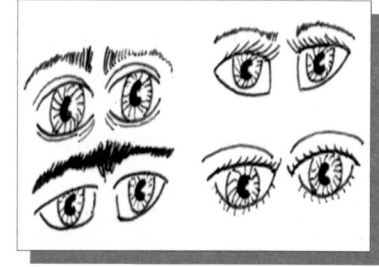

Material:	kein
Gruppengröße:	ab 4
Vorbereitungszeit:	keine
Durchführungszeit:	5 Minuten pro Person

Beschreibung:

Ein Teilnehmer (TN) geht aus dem Raum und wird nach dem Hereinkommen von allen (ohne zu lachen und zu reden) drei Minuten angeschaut.

Anmerkungen:

Drei Minuten können sehr lang sein. Bei jüngeren oder unsicheren TN sollten Sie die Zeit verkürzen. Bei sehr selbstbewussten TN kann die Gruppe ruhig laut lachen, wenn der TN vor der Tür wartet. Danach können Sie auf die Strategien eingehen, die der TN angewandt hat, um in Kontakt zu treten. Oder Sie gehen auf das Blickverhalten ein und warum dies zum Streit führen kann.

6.2.4 Feuerpfad-Fragen

Material: kein
Gruppengröße: ab 1
Vorbereitungszeit: keine
Durchführungszeit: 15 Minuten pro Person

Beschreibung:
Die Feuerpfad-Fragen sind neun Fragen zum Konsum von Suchtmitteln (auch Alkohol, Koffein oder Nikotin). Es ist auch möglich auf nicht stoffgebundene Suchtmittel einzugehen, also Handy-, PC oder Spielkonsolen-konsum.

F: Konsumiert der Großteil deiner Freunde dies auch?
E: Hast du körperliche Entzugserscheinungen, wenn du länger nicht konsumierst?
U: Schaust du auf die Uhr und denkst innerhalb der ersten Stunden nach dem Aufwachen an den Konsum?
E: Konsumierst du, um zu entspannen und dich besser zu fühlen?
R: Hast du durch den Konsum Störungen während deiner Ruhephasen (z.B. unruhiger Schlaf)?
P: Hast du durch den Konsum Probleme im Beruf (auch Schule) oder mit dem Gesetz gehabt?
F: Gibt es in deiner Familie Suchtprobleme?
A: Konsumierst du, wenn du alleine bist?
D: Konsumierst du, um zu einer Gruppe dazu zu gehören oder von dieser anerkannt zu werden?

Anmerkungen:
Es wird allgemein zwischen Gebrauch (Nutzung), Missbrauch (Gefährdung) und Sucht (Abhängigkeit) unterschieden. Die Grenzen sind fließend. Ich bin kein Freund davon, Diagnosen mit Teilnehmern (TN) durchzuführen und dann zu bestimmen, wer nun süchtig ist. Ich nutze diese Fragen, um in Diskussion zu kommen. Was ist gefährlich? Welches Konsumverhalten wäre sinnvoll und wünschenswert? Auf die Diskussion, warum Alkohol erlaubt und Cannabis verboten ist, lasse ich mich aber <u>nicht</u> mehr ein. Beide Drogen haben ein großes Gefährdungspotential. Die eine Droge ist aber in Deutschland legal zu kaufen und bei der anderen Droge macht man sich strafbar – PUNKT - !

6.2.5 Kindererziehung

Material: kein
Gruppengröße: ab 1
Vorbereitungszeit: keine
Durchführungszeit: 15 Minuten

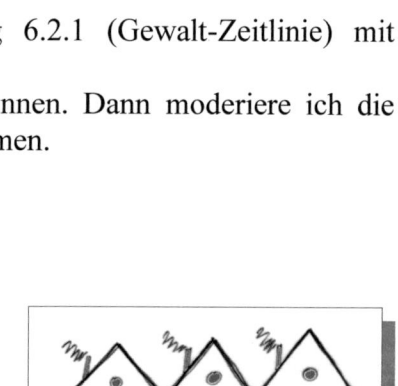

Beschreibung:
Einzeln werden die Teilnehmer befragt: „Wie würdest du dein Kind erziehen, damit es <u>nicht</u> schlägt?"

Anmerkungen:
Als Abwandlung: Wie würdest du ein Kind erziehen, damit es auf jeden Fall ein Schläger wird?
Es ist auch gut möglich, dies in die Übung 6.2.1 (Gewalt-Zeitlinie) mit einzuflechten.
Hierdurch kann eine spannende Diskussion beginnen. Dann moderiere ich die größte Zeit und lasse die Teilnehmer zu Wort kommen.

6.2.6 Wie geht es deinem Nachbarn?

Material: kein
Gruppengröße: ab 3
Vorbereitungszeit: keine
Durchführungszeit: 3 Minuten pro TN

Beschreibung:
Jeder Teilnehmer beschreibt in der Ich-Form, wie sich sein Sitznachbar jetzt wohl fühlt. Wie hat er die Übung und die Gruppe wahrgenommen? Wie konnte er sich einbringen? Was fand er gut, was nicht so gut?

Anmerkungen:
Dies kann sehr gut als Reflexions-Methode nach einer Kooperations-Übung angewendet werden.

6.2.7 Ohnmacht

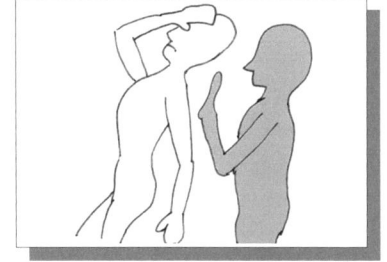

Material: kein
Gruppengröße: ab 12
Vorbereitungszeit: keine
Durchführungszeit: 15 Minuten

Beschreibung:
Die Teilnehmer (TN) werden in drei gleichgroße Gruppen aufgeteilt. Auf engem Raum gehen alle TN durcheinander, bis die Leitung ruft: „Ohnmacht bei Gruppe 2!". Gruppe 2 sinkt ohnmächtig zu Boden.
Die TN aus Gruppe 1 und Gruppe 3 regieren sehr schnell. Sie fangen die laut seufzend zu Boden sinkenden, „ohnmächtigen" TN der Gruppe 2 auf. Im Verlauf gehen die Gruppen aneinander vorbei, werden abwechselnd aufgerufen, sinken zu Boden und werden aufgefangen.

Anmerkungen:
Große Konzentration ist hier gefragt und Albernheiten sollten schnell unterbunden werden.
Hinterher können Sie fragen in welcher Rolle sich die TN wohler fühlten und warum?

6.2.8 Buch „Der Gewalttäter"

Material: Papier, Stift
Gruppengröße: ab 2
Vorbereitungszeit: keine
Durchführungszeit: 20 Minuten

Beschreibung:
Die Teilnehmer (TN) sollen ein Buch entwickeln über einen Gewalttäter. Welche Farbe, welchen Titel, welchen Untertitel, welches Coverbild, welchen Autor, welche Geschichte, welchen Hauptcharakter usw. hätte das Buch.

Anmerkungen:
Als Alternative können die TN auch einen Film oder ein Musikvideo entwickeln.

6.2.9 Wahrnehmungsgeschichte

Material:	(Flipchart-)papier, Stift
Gruppengröße:	ab 8
Vorbereitungszeit:	keine
Durchführungszeit:	15 Minuten

Beschreibung:

Zuerst werden die nächsten vier Sätze vorgelesen:

„Ein Geschäftsmann hat gerade die letzten Lichter in seinem Laden gelöscht, als ein Mann erscheint und Geld verlangt. Der Eigentümer öffnet eine Registrierkasse. Der Inhalt der Kasse wird zusammengerafft, und der Mann rennt schnell weg. Die Polizei wird sofort benachrichtigt."

Danach werden auf einem Blatt die Kategorien „wahr", „unwahr" und „kommt nicht in der Geschichte vor" geschrieben. Den Teilnehmern werden eine Aussage nach der anderen vorgelesen, sie melden sich jeweils bei einer der drei Kategorien und es wird aufgeschrieben. Enthaltungen und Unterhaltungen sind nicht gestattet.

1. Der Räuber erschien, nachdem der Eigentümer das Licht gelöscht hatte.
2. Die Person, die Geld forderte, war ein Mann.
3. Der Räuber verlangte kein Geld.
4. Jemand hat die Registrierkasse geöffnet.
5. Der Räuber war dem Inhaber unbekannt.
6. Der Mann, der die Kasse öffnete, war der Eigentümer.
7. Die Person, die das Geld gefordert hatte, raffte den Inhalt der Kasse zusammen.
8. In der Registrierkasse war Geld.
9. Die Polizei verfolgte den Mann.
10. Alle Lampen im Geschäft sind ausgeschaltet.

Anmerkungen:

War der Mann nun ein Räuber? War Geld in der Kasse? Die Menschen (und ihre Sinne) bekommen jeweils ca. 11.000.000 Informationen pro Sekunde geliefert, können bewusst aber nur bis zu 35 Informationen verarbeiten. Dieser Filterungsprozess wird durch die jeweiligen Werte, Überzeugungen, Erinnerungen, Erfahrungen und Hintergründe beeinflusst. Aufgrund dieser verarbeiteten Informationen kreiert sich jeder Mensch seine eigene Landkarte. Jeder Mensch denkt, fühlt und nimmt anders wahr. Es ist deshalb nicht möglich, anderen Menschen seine „Wahrheit" aufzudrücken.

6.3   City Bound

*„Im Mittelpunkt der Erziehung sollten die Kardinaltugenden stehen,
wie sie der griechische Philosoph Plato gelehrt hat: Mut, Weisheit
(Wissen), Mäßigung und Gerechtigkeit." Joachim Bauer (2008, S. 8)*

Es gibt viele Bücher, welche die Themen Selbstbewusstsein und Selbstbehauptung bearbeiten. Einige empfehlen ein Schlagfertigkeitstraining. Doch beachten Sie: Schlagfertigkeit ist nicht immer Deeskalation – oft ist es sogar genau das Gegenteil. Trotzdem kann Schlagfertigkeit manchmal sinnvoll und oft sogar sehr lustig sein:

*Max, Peter und Ali steigen in den Schulbus ein und unterhalten sich über
verschiedene Lebenswege.*
Max: „Wenn mein Vater Arzt wäre, wäre ich auch Arzt."
Peter: „Wenn mein Vater Rockstar wäre, wäre ich auch Rockstar."
Ali: „Wenn mein Vater Türsteher wäre, wäre ich auch Türsteher."
*Der Busfahrer ist genervt: „Wenn eure Mutter eine Hure und euer Vater ein
Alkoholiker wären, was wärt ihr dann? Hä?!"*
Max, Peter und Ali zusammen: „Busfahrer!"

Erlebnispädagogik soll in vielen Fällen das Selbstbewusstsein steigern, damit sich die Teilnehmer später in der Welt behaupten können, ohne andere zu erniedrigen. Doch Erlebnispädagogik nach Kurt Hahn u.v.a. lebt von und mit der Natur. Deshalb ist für den städtischen Bezugsraum „Citybound" entwickelt worden. Thomas Schut-Ansteeg war u.a. Universitäts-Dozent in der Großstadt Essen im Ruhrgebiet. Hier war natürlich „Citybound" ein Schwerpunkt, weil man mit den Menschen nicht immer in die „weite Natur" fahren kann (Zeit- und/oder Geldmangel). Thomas war dann auch Mitbegründer des Vereins „Citybound Essen".

Bei Citybound geht es nicht nur um das Erleben, sondern auch darum, den Stadtteil kennen zu lernen und mit anderen Menschen in Kommunikation zu treten. Der Spaß darf natürlich dabei nicht zu kurz kommen. *Eine Anregung bekam ich durch das Fernsehen: Die Teilnehmer gehen in die Sex-DVD-Abteilung und lesen sich gegenseitig die Titel vor. Wer schafft es, bis zum Ende nicht zu lachen?*

6.3.1 Darf ich mich setzen?

Material:	kein
Gruppengröße:	ab 1
Vorbereitungszeit:	keine
Durchführungszeit:	30 Minuten

Beschreibung:
Die Teilnehmer sollen sich einzeln zu einem Fremden in ein Café setzen. Nun sollen sie ein Gespräch anfangen und führen.

Anmerkungen:
Als zusätzliche Schwierigkeit können noch die Gesprächsthemen vorgegeben werden.

6.3.2 Engel auf Erden

Material:	Engelsflügel
Gruppengröße:	ab 1
Vorbereitungszeit:	keine
Durchführungszeit:	60 Minuten

Beschreibung:
Die Teilnehmer (TN) bekommen jeweils Engelsflügel an und sollen nun in der Stadt mindestens sechs gute Dinge tun.

Anmerkungen:
Es ist auch möglich ein ganzes Engelskostüm anzuziehen oder auch nur ein T-Shirt, auf welchem Flügel gemalt sind.
Als Nachweis kann der Bericht reichen, ein zweite Person begleitet im Hintergrund den TN oder der TN soll jeweils ein Foto (z.B. mit dem Handy) von den Taten machen.

6.3.3 Fotorallye

Material: Fotos, Fotoapparate (z.B. Handys)
Gruppengröße: ab 2
Vorbereitungszeit: 30 Minuten
Durchführungszeit: ab 30 Minuten

Beschreibung:
Zur Vorbereitung fotografiert der Anleiter markante Punkte einer Strecke. Danach werden diese ausgedruckt und den Teilnehmern (TN) übergeben. Die TN müssen nun die Plätze und die Strecke wiederfinden. Als Beweis machen sie identische Fotos.

Anmerkungen:
Die Übung kann als Wettspiel und auch wunderbar in Kleingruppen als Kooperationsaufgabe gestellt werden.

6.3.4 Kartoffeltausch

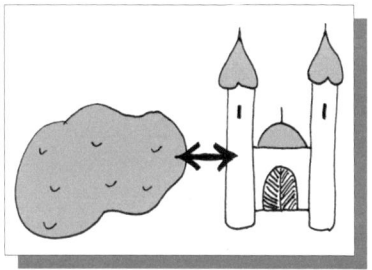

Material: Kartoffeln
Gruppengröße: ab 2
Vorbereitungszeit: keine
Durchführungszeit: ab 60 Minuten

Beschreibung:
Jeder Teilnehmer bekommt eine Kartoffel. Diese soll er gegen etwas tauschen, und das Getauschte wieder gegen etwas tauschen. Usw. Usw. Wer hat am Ende das Tollste ertauscht?
Beispiel: Kartoffel – Gürtel – Rucksack – Dreirad – Wellensittich mit Käfig

Anmerkungen:
Es ist sehr überraschend, was da manchmal herauskommt.
Anstelle einer Kartoffel verwenden Kollegen auch gerne einen Apfel und ein Ei.
Es kann auch als Aufgabe gestellt werden, dass die Gruppe für ein gemeinsames Picknick sammeln soll.

6.3.5 Gewalt ist doof

Material: Stadtplan
Gruppengröße: ab 2
Vorbereitungszeit: keine
Durchführungszeit: 60 Minuten

Beschreibung:
Die Teilnehmer sollen mit Hilfe des Stadtplans überlegen, wo in der Stadt Gewalt passiert - und was sie tun würden, wenn sie Zeuge wären.

Anmerkungen:
Mit einer motivierten Gruppen können Sie auch nach Vorbild des boalschen Theaters (Theater der Unterdrückten) ein Theaterstück kreieren, welches irgendwo in der Stadt stattfinden soll.
Hierbei soll der Zuschauer erst gar nicht merken, dass es ein Theaterstück ist. Ein kritisches Thema (Gewalt, Fremdenfeindlichkeit, Krieg usw.) wird z.B. in einer Menschenmenge gespielt oder lautstark diskutiert. Der Zuschauer soll im Idealfall auch aktiv werden und in dem Stück mitmachen. Dies soll aufklären und zum Nachdenken anregen.

6.3.6 Stempel To Go

Material: Papier
Gruppengröße: ab 2
Vorbereitungszeit: keine
Durchführungszeit: 60 Minuten

Beschreibung:
Die Teilnehmer (TN) bekommen jeweils ein Blatt Papier (oder ein leeres Heft) und haben nun die Aufgabe viele unterschiedliche Stempelabdrücke zu erlangen.

Anmerkungen:
Es ist möglich eine Route vorzugeben, wie beim Pilgerweg. Spannender ist es aber, die TN selbst den Stadtteil erforschen zu lassen und oft erlebt man selbst noch einige Überraschungen, wo es Stempel gibt.

6.3.7 Bilderbuchleben

Material: Fotoapparate (Handy?)
Gruppengröße: ab 2
Vorbereitungszeit: keine
Durchführungszeit: 60 Minuten

Beschreibung:
Die Teilnehmer sollen ihr Traumauto, -haus, -beruf, -partner, usw. fotografieren.

Anmerkungen:
Dies ist eine ideale Übung, um über Ziele zu sprechen. Sind diese realistisch? Und was ist zu tun, um diese Ziele zu erreichen? Sind Menschen zufrieden, die diese Ziele erreicht haben? Gibt es andere Lebensziele, die wichtig sind?

6.3.8 Sei ein (Mu)Tiger

Material: Fotoapparate (Handy?)
Gruppengröße: ab 2
Vorbereitungszeit: keine
Durchführungszeit: 120 Minuten

Beschreibung:
Die Teilnehmer wählen jeweils drei Aufgaben, die sie erfüllen und fotografieren:
* Ohne Schuhe Probeliegen im Bettengeschäft
* Als Schaufensterpuppe posieren (natürlich im Schaufenster)
* Ein Lied laut singen (in der Öffentlichkeit)
* Drei-Minuten-Rede halten (in der Öffentlichkeit)
* 1€ verdienen
* 1€ erbetteln
* Teuerste Zimmer im Hotel zeigen lassen
* Von fünf fremden Personen einen Kuss auf die Wange bekommen
* Wie ein Affe einen Kilometer durch die Stadt laufen
* Probefahrt in einem teuren Auto
* Drei Minuten mit zwei Stimmen mit sich selbst reden (in der Öffentlichkeit)

Anmerkungen:
Hier sind der Phantasie und den Ideen keine Grenzen gesetzt.

6.3.9 Autogrammjäger

Material: T-Shirts, Stoffstifte
Gruppengröße: ab 2
Vorbereitungszeit: keine
Durchführungszeit: 45 Minuten

Beschreibung:

Die Teilnehmer bekommen jeweils ein weißes T-Shirt und einen Stoffstift. Nun sollen sie zehn verschiedene Menschen finden, die etwas Nettes darauf schreiben. Wer ist am schnellsten fertig und wer hat am Ende das schönste T-Shirt?

Anmerkungen:

Am besten immer ein paar mehr Stoffstifte bereit halten, weil diese so schnell austrocknen.

Ich spüre, es gibt Gewalt in ihrer Familie. Sie müssen das Kopftuch nicht tragen und können in einem Frauenhaus untergebracht werden!

„In jedem von uns ist auch ein anderer, den wir nicht kennen."
Carl Gustav Jung

Es gibt Übungen, die sollen zum Nachdenken anregen. Das Schöne dabei ist, dass es meist mehrere Lösungswege gibt und auch in jeder Übung mehr steckt, als es auf den ersten Blick scheint.

Sinnvoll ist es immer, die Teilnehmer selbst auf die Lösung und den Sinn der Übung kommen zu lassen. Dann ist die Wirkung viel intensiver und länger anhaltend.

Am einfachsten ist es, nach der Übung zu fragen: „Warum habe ich wohl diese Übung angeleitet?" oder provokanter: „Außer zu meinem Spaß – Was soll diese Übung?"

6.4.1   Wer führt?

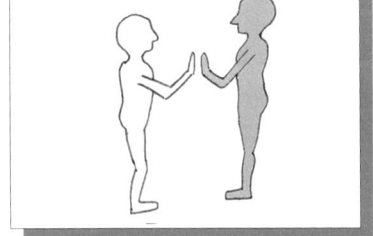

Material:	kein
Gruppengröße:	ab 2
Vorbereitungszeit:	keine
Durchführungszeit:	15 Minuten

Beschreibung:
Jeweils zwei Teilnehmer stellen sich gegenüber. Die Hände sind zehn cm voreinander entfernt. Während der Übung darf nicht gesprochen werden.

1. Der Abstand (zehn cm) soll eingehalten werden. Die eine Seite führt und macht Bewegungen vor. Die andere Seite macht diese Bewegungen nach. Nach zwei Minuten Wechsel.

2. Der Abstand (zehn cm) soll eingehalten werden. Beide Seiten führen.

3. Die rechte Seite möchte nun, dass die linke Seite so weit wie möglich zurückgeht. Die linke Seite möchte, dass die rechte Seite so weit wie möglich zurückgeht. Es darf keine Gewalt angewendet werden.

Anmerkungen:
Gab es bei „3." Lösungen und wurde zusammen oder gegeneinander gearbeitet?

6.4.2 Stuhlchaos

Material: Stuhl pro TN, Zettel, Stift
Gruppengröße: ab 9
Vorbereitungszeit: 5 Minuten
Durchführungszeit: 15 Minuten

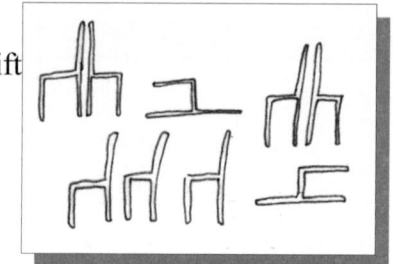

Beschreibung:
Die Teilnehmer (TN) werden in drei Gruppen aufgeteilt. Jede Gruppe erhält eine Aufgabenkarte. Die Aufgaben sind: „Bringt alle Stühle in eine Reihe", „Legt alle Stühle auf den Boden", und „Ordnet zwei Stühle jeweils mit dem Rücken zueinander". Los geht's!

Anmerkungen:
Anstelle der Aufgabenkarten flüstere ich den Gruppen oft die Aufgaben zu und schon entsteht der Eindruck, sie dürften nicht miteinander sprechen. Dies ist aber nicht der Fall. Ein wichtiges Ziel ist es zu erkennen, dass die drei Aufgaben zusammen lösbar sind. Hiernach benutze ich oft das Mediations-Modell, in welchem sich Anton und Bertold um eine Orange streiten (siehe Buch „Kommunikative Deeskalation").

6.4.3 Bitte setze dich

Material: Stuhl
Gruppengröße: ab 1
Vorbereitungszeit: keine
Durchführungszeit: 10 Minuten

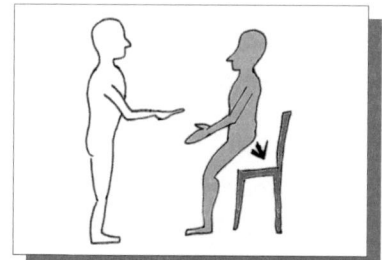

Beschreibung:
Ein Teilnehmer (TN) stellt sich mit dem Rücken vor einen Stuhl. Der Trainer (oder ein anderer TN) verrückt den Stuhl hörbar und stellt ihn dann wieder fünf cm hinter dem TN ab. Dann soll sich der TN nach hinten setzen ohne zu überprüfen, ob der Stuhl da ist (also nicht umdrehen, nicht Knie nach hinten durchdrücken, nicht nach hinten fühlen usw.).

Anmerkungen:
War es schwierig, dem anderen Menschen zu vertrauen? Glaubt man tatsächlich, dass dieser einen fallen lässt?

6.4.4 Halte den Arm senkrecht

Material: kein
Gruppengröße: ab 3
Vorbereitungszeit: keine
Durchführungszeit: 5 Minuten

Beschreibung:
Stellen Sie sich mit den Teilnehmer im Kreis auf und machen Sie die Übung jeweils vor. Sagen Sie: „Nun stellen wir uns im Kreis auf und Sie tun bitte, was ich ihnen sage. Stellen sie sich bequem hin und nehmen sie die Arme nach vorne. Nun schütteln sie die Arme, lassen diese nach unten fallen und bewegen diese senkrecht nach oben."
WICHTIG: Beim letzten Satz halten Sie aber die Arme waagerecht.

Anmerkungen:
Der Großteil der Gruppe wird tun, was sie tun und nicht dass, was sie sagen. Hier gehe ich dann oft auf das Thema „Vor-Bild" ein. Es nützt wenig mit der Kippe im Mund das Kind zu belehren: „Du darfst nicht rauchen!"

6.4.5 Drehe dich um

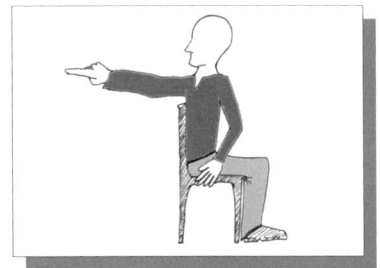

Material: Stuhl pro Teilnehmer
Gruppengröße: ab 1
Vorbereitungszeit: keine
Durchführungszeit: 10 Minuten

Beschreibung:
Die Teilnehmer (TN) sollen sich gerade auf den Stuhl setzen und den Arm gerade nach vorne nehmen. Nun bleiben sie so sitzen und sollen sich mit dem ausgestreckten Arm so weit wie möglich nach hinten drehen. Dann sollen sie sich den Punkt merken, auf welchen sie mit dem Finger zeigen. Danach gehen die TN die Bewegung zehnmal im Kopf durch und drehen noch weit über den Punkt hinaus. Dann machen die TN noch einmal die Bewegung … *und kommen weiter.*

Anmerkungen:
Alles ist Training und Training beginnt im Kopf.

6.4.6 Grabrede

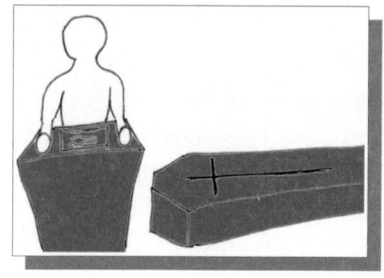

Material:	Papier, Stift
Gruppengröße:	ab 1
Vorbereitungszeit:	keine
Durchführungszeit:	20 Minuten +
	3 Minuten pro Person

Beschreibung:
Die Teilnehmer (TN) bekommen 20 Minuten Zeit um ihre Grabrede vorzubereiten. Ein Freund oder Familienmitglied soll diese halten. Was war wichtig im Leben? Was ist erwähnenswert? Was würde man gerne hören? Dann hält jeder TN diese Rede.

Anmerkungen:
Ein wunderbarer Einstieg zu den Themen Ziele und Sinn im Leben.
Sie können das „Todesalter" festlegen oder es ist spannender, wenn sich die TN ihr Todesalter und die Todesursache selbst aussuchen dürfen (VORSICHT: Gangster-Verherrlichung).

6.4.7 Alle Menschen dieser Welt

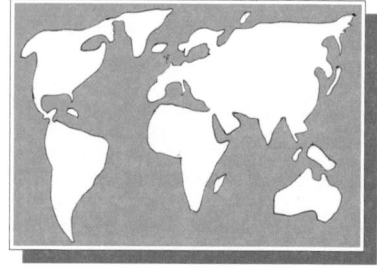

Material:	kein
Gruppengröße:	ab 3
Vorbereitungszeit:	keine
Durchführungszeit:	10 Minuten

Beschreibung:
Die Teilnehmer setzen sich bequem hin und schließen die Augen. Nun stellen sie sich alle Menschen der Welt um sich herum vor.
- Dann kommen diese mal **näher** ran und dann mal **weiter** weg.
- Dann werden die anderen mal **größer** und mal **kleiner**.
- Dann schweben die anderen mal **höher** und dann gehen sie **tiefer**.

Anmerkungen:
Interessant finde ich nach einer Reflexion, dass Menschen einige Vorstellungen ganz anderes empfinden als ich. *Was für eine Überraschung ;-)*

6.4.8 Blindlauf

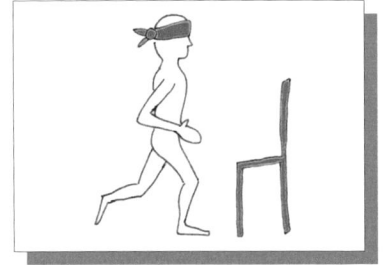

Material: Stuhl, Augenbinde
Gruppengröße: ab 1
Vorbereitungszeit: keine
Durchführungszeit: 5 Minuten pro Person

Beschreibung:
Jeder Teilnehmer (TN) zählt von einem Punkt die Schritte bis zum Stuhl (mind. 15 m entfernt). Dann werden dem TN die Augen verbunden und er soll schnell bis zum Stuhl gehen und so nahe wie möglich an diesen herankommen. Wer kommt am nächsten an den Stuhl heran, ohne ihn zu berühren?

Anmerkungen:
Der Trainer sollte beim Stuhl stehen bleiben, um diesen schnell wegnehmen zu können. Es tut einfach weh, wenn man mit dem Schienbein auf Holz trifft!

6.4.9 Flucht in Ketten

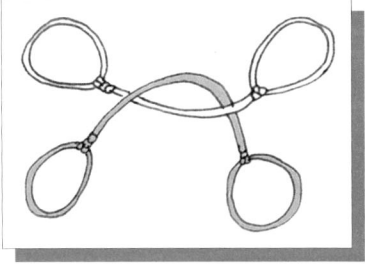

Material: pro Person eine Schnur
Gruppengröße: ab 2
Vorbereitungszeit: 5 Minuten
Durchführungszeit: 15 Minuten

Beschreibung:
Jeder Teilnehmer (TN) hat eine Schnur (ca. 1m). An jedem Ende ist eine Schlaufe geknotet, so dass die Hände bequem durchpassen. Jeweils zwei TN nehmen die Schnüre über Kreuz und gehen mit den Händen in ihre jeweiligen Schlaufen. Nun sind sie miteinander verbunden.
Aufgabe ist es, dass sich die TN voneinander trennen, ohne dass sie die Hände aus den Schlaufen nehmen.

Anmerkungen:
Das Geheimnis ist eine kleine Bewegung: Mit der Mitte der einen Schnur durch die Handschlaufe des anderen gehen. Dann die Schnurmitte um die Hand herum und strammziehen. Schon ist man vom anderen befreit.
HINWEIS: Bitte erst ausprobieren und dann anleiten.

„Die mutigen Männer töteten keine Drachen. Die mutigen Männer ritten auf ihnen." Visery Targaryen aus „Game of Thrones"

Die Erlebnispädagogik arbeitet gerne mit Metaphern. Mit einem Kleinunternehmen auf einem Wasserfahrzeug zu sitzen und zu sagen „Sie sitzen alle in einem Boot!" ist das erste, was den meisten einfällt. Dann noch zu erwähnen, dass die Gruppe am besten „in die selbe Richtung rudern" sollte, um voranzukommen. Wenn dann noch im „gleichen Tempo und Takt gerudert wird", ist die Kooperation perfekt. Danach ist der Transfer auf das Arbeitsleben recht einfach. Ein Bild sagt nunmal mehr als 1000 Worte.

6.5.1   Schild „Gewalttäter"

Beim ersten Termin eines Anti-Gewalt-Trainings hänge ich gerne das Schild „Gewalttäter, bitte hier warten. Ihr werdet um 18.00 Uhr abgeholt!" auf. Die meisten nehmen es einfach so hin. Nach der Vorstellungsrunde frage ich dann, ob sie mit der Etikettierung „Gewalttäter" einverstanden sind.

6.5.2   Werkzeugkiste

Jeder Mensch hat eine Werkzeugkiste des Lebens. Je mehr Werkzeuge, desto mehr Möglichkeiten. Wenn man nur einen Hammer hat, wird jedes Problem wie ein Nagel behandelt (nach Paul Watzlawick). Eine Auswahl ist (lebens-)wichtig!

6.5.3   Gelbe Karte

„Gelbe Karte" wird als Verwarnung bei einem Regelverstoß gegeben und als nächstes kommt die „Rote Karte" (Ausschluss).

6.5.4   20€-Schein

Jemand fühlt sich schlecht, weil andere auf ihm rumhacken. Der Trainer nimmt einen Geldschein, zerknüllt diesen und fragt: „Ist dieser jetzt weniger wert?"

6.5.5 Schwamm

Der Trainer zeigt dem Teilnehmer, dass der Schwamm erst Wasser (neues Wissen) aufnehmen kann, wenn das alte Wasser (altes Wissen) ausgepresst wurde.

6.5.6 Filter

Ein Kaffeefilter zeigt, wie dieser Wasser (Lob und Freundlichkeiten) durchlässt und Abfälle (Beleidigungen und Unfreundlichkeiten) aufhält und herausfiltert – nach dem Motto: „Was juckt es die Eiche, wenn sich die Sau an ihr reibt!" oder „Was stört es den Mond, wenn ihn ein Wolf anheult!"

6.5.7 Pflanze

Der Trainer zeigt den Teilnehmern (TN) eine Pflanze und fragt nach deren Bedürfnissen. Dann wird dies auf das Leben der TN übertragen. Auch der Bezug zu stabilen Wurzeln kann hier gezogen werden.

6.5.8 Rucksack des Lebens

Manche Teilnehmer haben eine „große Last" zu tragen. Mit einem Rucksack wird gezeigt, was dieser alles zu tragen hat. Auf Steinen werden Lasten geschrieben und diese werden in den Rucksack gepackt. Dann werden Ideen gesammelt, wie der Rucksack weniger Gewicht bekommt.

6.5.9 Taschentuch

Einem Teilnehmer (TN) wird die Hand gegeben. Wenn dieser den Handschlag erwidert, wird gefragt: „Wer hat gemacht, dass Sie mir die Hand geben?" Wenn dieser antwortet: „Sie!" nimmt der Trainer ein Taschentuch, niest da ein paarmal hinein und übergibt dieses dem TN. Wer hat die Verantwortung, etwas zu tun? Kann mich jemand zu etwas zwingen?

Hierfür gibt es unzählige Ideen und Beispiele. Die Arbeit mit Metaphern ist eine sehr anregende Hilfe, Menschen von den eigenen festgefahrenen Bildern zu lösen. Dies kann ihnen neue Wege oder sogar Lösungen eröffnen. Metaphern fördern die Aktivierung der rechten Gehirnhälfte. Die rechte Gehirnhälfte steuert die Intuition, Kreativität, Symbole und Gefühle. Beim Hören einer Metaphern können eigene, dazu passende Bilder, Symbole, Melodien oder Gerüche entstehen.
WICHTIG: Die in Metaphern gewählten Bilder müssen zu dem Thema und zu dem Teilnehmer passen.

7   Ende gut ...

„Die wahren Abenteuer sind im Kopf, in deinem Kopf und sind sie nicht in deinem Kopf, dann sind sie nirgendwo!" Andre Heller

Das Ende ist bei einem Training genauso wichtig wie bei einem Film, Theaterstück oder Musical. Das Ende ist ausschlaggebend, ob der Rest davor abgerundet und als gut empfunden wird. Nach Aktion ist eine Ruhephase notwendig, um wieder herunterzukommen. Erst dann kann der Kopf (ver-)arbeiten und reflektieren. Danach ist der Transfer in die wirkliche *reale* Realität (*wenn es diese gibt*) möglich. Was hat dieser *Mist* im Training mit mir als Mensch und mit meinem Leben zu tun? Was kann ich dadurch lernen? Möchte ich und kann ich etwas ändern?

7.1   Entspannung

„Die größten Ereignisse - das sind nicht unsere lautesten, sondern unsere stillsten Stunden."
Friedrich Nietzsche (Also sprach Zarathustra)

Am Himalaya leben 733.000 Einwohner in Bhutan. Das Interessante ist, dass dort „Nationalglück" jährlich gemessen wird. Dieser Wert ist wichtiger als das Geld, welches erwirtschaftet wird. Schließlich wäre das Glück der Einwohner wichtiger als das Wirtschaftswachstum, erklärte der bhutanische König bereits 1972 (vgl. Precht 2012; S. 353 ff).
Eine wichtige Voraussetzung für Glück ist die Ausgeglichenheit von Anspannung (Stress) und Entspannung. Menschen, die Gewalt ausüben, haben oft Stress. Bei extrem gewalttätigen Menschen ist jeder andere Mensch ein potentieller Gegner und er ist deshalb immer im Kampfmodus (Stress pur). Die Fähigkeit zur Entspannung (Stressbewältigung) ist notwendig, um ruhig zu bleiben und nicht zu schlagen oder zu treten.

7.1.1 Tief durchatmen

Material:	kein
Gruppengröße:	ab 1
Vorbereitungszeit:	keine
Durchführungszeit:	5 Minuten

Beschreibung:
Die Teilnehmer (TN) sollen sich ruhig hinsetzen. Dann sollen sie durch die Nase einatmen und durch den Mund ausatmen. Wenn die Luft „raus" ist, sollen sie noch dreimal stossweise ausatmen. Nun sind die Lungen geleert und es wird wieder durch den Mund eingeatmet. Dies wird dreimal wiederholt.

Anmerkungen:
Wenn die TN nun auf ihre Handflächen schauen, werden viele sehen, dass diese rot-weiß gefleckt sind. Das Blut ist nun optimal mit Sauerstoff versorgt und das Gehirn kann besser arbeiten.
Als Variation können die TN auch durch das rechte Nasenloch (links wird zugedrückt) einatmen und durch das andere ausatmen.

7.1.2 Zurück in die Vergangenheit

Flux kompensator

Material:	kein
Gruppengröße:	ab 1
Vorbereitungszeit:	keine
Durchführungszeit:	5 Minuten

Beschreibung:
Die Teilnehmer sollen sich ruhig hinsetzen und können die Augen schließen, wenn sie möchten. Dann wiederholt der Trainer mit ruhiger Stimme, was während des Trainings gemacht wurde.

Anmerkungen:
Zitate oder kleine Anekdoten aus dem Training runden diese Wiederholung ab. Dies ist eine optimale Vorbereitung für Reflexions- und Feedbackrunden (siehe Kapitel 7.2).

7.1.3 Meditative Assoziationen

Material:	kein
Gruppengröße:	ab 3
Vorbereitungszeit:	keine
Durchführungszeit:	10 Minuten

Beschreibung:

Die Teilnehmer (TN) legen sich im Kreis auf den Boden. Der erste TN sagt einen Satz zum letzten Übungsteil. Danach wird eine kurze Schweigepause eingelegt. Dann ist der nächste TN dran. Es werden mehrere Runden durchgeführt.

Anmerkungen:

Eventuell sind Decken notwenig.
Es ist auch eine Art Reflexions- und Feedbackrunde (Kapitel 7.2).

7.1.4 Geschichte vorlesen

Material:	kein
Gruppengröße:	ab 1
Vorbereitungszeit:	keine
Durchführungszeit:	5 Minuten

Beschreibung:

Der Trainer liest mit ruhiger Stimme eine Kurzgeschichte vor. Es gibt unzählige Geschichten im Internet und in Büchern, die zum Nachdenken anregen.

Anmerkungen:

Beispiel: Es begab sich, dass ein Skorpion einen Fluss überqueren wollte. Am Ufer saß eine Schildkröte. Der Skorpion ging zur Schildkröte und fragte sie, ob sie ihn über den Fluss bringen könne. „Nein", sagte die Schildkröte, „mitten im Fluss stichst du mich und ich muss sterben. Ich werde dich nicht über diesen Fluss bringen!" „Aber wenn ich dich steche, sterbe ich doch auch." „Ja", dachte die Schildkröte und ließ den Skorpion auf ihren Rücken steigen. Mitten im Fluss angekommen stach der Skorpion die Schildkröte in den Hals. „Warum hast du das nur getan", sprach die Schildkröte mit zitternder Stimme. „Jetzt sterben wir doch beide!" „Es liegt in meiner Natur, liebe Schildkröte! Es liegt in meiner Natur … ."

7.1.5 Der Baum

Material: kein
Gruppengröße: ab 1
Vorbereitungszeit: keine
Durchführungszeit: 10 Minuten

Beschreibung:
Hinstellen und die Handflächen vor dem Körper zusammendrücken. Fuß auf die Innenseite des gegenüberliegenden Oberschenkels legen. (Weniger Flexible stellen den Fuß auf die Innenseite von Knie oder Wade.) Die Arme über den Kopf heben und dabei die Handflächen zusammen lassen.

Anmerkungen:
WICHTIG: Die Körpermitte muss angespannt sein, damit es funktioniert.
Dies ist die Yoga-Übung „Vrikshasana" für das innere und äußere Gleichgewicht. Als Variation mit der rechten Hand von hinten an den rechten Fuß fassen oder nach vorne beugen und die linke Hand neben den linken Fuß setzen.

7.1.6 Aller guten Dinge sind Drei

Material: kein
Gruppengröße: ab 1
Vorbereitungszeit: keine
Durchführungszeit: 3 Minuten

Beschreibung:
Halten Sie Ihre Hände vor Ihr Gesicht und schließen Sie die Augen. Holen Sie eine schöne Erinnerung in Ihre Gedanken. Atmen Sie tief ein, so dass sich der Bauch wölbt (Bauchatmung). Luft anhalten und wieder langsam ausatmen. Machen Sie das Ganze dreimal.
Ziehen Sie nun drei Grimassen hinter Ihren Händen und halten diese jeweils zehn Sekunden. Wenn Sie mutiger sind nehmen Sie ihre Hände weg.

Anmerkungen:
Durch diese „Gesichtsmuskelübung" werden Gesichtsmuskelpartien entspannt und diese Lockerung bewirkt einen positiven Effekt auf den restlichen Körper.

7.1.7 Von Gott erbeten

Material: Stuhl pro Teilnehmer
Gruppengröße: ab 1
Vorbereitungszeit: keine
Durchführungszeit: 3 Minuten

Beschreibung:
Im Sitzen Beine leicht beugen mit Gewicht auf den Ballen. Gesäß und Bauch anspannen. Arme vor den Körper und beide Handflächen auf Höhe der Schlüsselbeine 15 Sekunden zusammendrücken.
Nun die Ellenbogen auf Schulterhöhe und die Hände 15 Sekunden kräftig reiben. Ellenbogen werden mit zunehmender Übungsdauer enger zueinander genommenen, bis sie sich berühren. Dies jeweils dreimal wiederholen.

Anmerkungen:
Dies ist eine sehr gute Übung, um die Teilnehmer zu aktivieren, bevor sie aus dem Training entlassen werden *und eine Lieblingsübung meines Kollegen Samuel Meffiere.* Diese Übung immer am besten selbst vormachen (<u>nicht</u> vorlesen).

7.1.8 Pulskontrolle

Material: kein
Gruppengröße: ab 1
Vorbereitungszeit: keine
Durchführungszeit: 10 Minuten

Beschreibung:
Setzen Sie sich bequem hin und halten Sie Ihre Finger jeder Hand so, dass sich die fünf Fingerspitzen der jeweiligen Hand berühren. Schließen Sie nun Ihre Augen und konzentrieren sich auf Ihre Fingerspitzen. Wenn Sie die Finger zusammenpressen, werden Sie Ihren Puls spüren. Atmen Sie nun ruhig ein und aus und lassen so Ihren Puls langsamer werden.

Anmerkungen:
Diese Übung ist eher etwas für Fortgeschrittene.

7.1.9 Entspannungspendel

Material:	kein
Gruppengröße:	ab 1
Vorbereitungszeit:	keine
Durchführungszeit:	5 Minuten

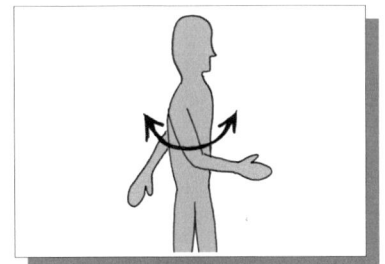

Beschreibung:
Die Teilnehmer stellen sich hüftbreit hin und lassen die Arme locker hängen. Nun wird der Oberkörper mit lockeren Armen nach rechts und links geschwungen.

Anmerkungen:
Ein lockerer Körper führt zu einem lockeren Geist.

„Was mich packt, muss dich noch kaum berühren und umgekehrt, was bei dir Unschuld ist, kann bei mir Schuld sein, und umgekehrt, was bei dir folgenlos bleibt, kann mein Sargdeckel sein." Franz Kafka (Brief an den Vater)

Thomas Schut-Ansteeg sah die Reflexion als einen wesentlichen Bestandteil jeder Aktion. Sie ermöglicht es, den Teilnehmern Gruppenprozesse zu verdeutlichen und „Probleme" anzusprechen. Die Erfahrung zeigt, dass sich die Teilnehmer in einer offenen Gesprächsrunde oft dem Vorredner anschließen. Daher ist es empfehlenswert, mit Methoden zu arbeiten, z.B. den analogen Medien wie Gummibärchen, Steinen, Blättern, Tieren, Playmobil-Figuren oder Schlümpfen. Danach ist der Transfer sinnvoll. Dieser sollte immer ein Teil der Reflexion sein. Die Reflexion unterteilt sich hierbei in vier Phasen (vgl. Sonntag S. 144 ff):

1. Fakten wiedergeben
2. Gefühle ausdrücken
3. Zusammenhänge analysieren
4. Transfer schaffen

7.2.1   Apfel oder Zwiebel

Material:	Apfel / Zwiebel o.Ä.
Gruppengröße:	ab 2
Vorbereitungszeit:	keine
Durchführungszeit:	2 Minuten pro Person

Beschreibung:
Jeder Teilnehmer gibt Rückmeldung. Er hebt zunächst die Zwiebel und erzählt, was ihm <u>nicht</u> so gut gefallen hat. Dann hebt er den Apfel und erzählt, was ihm gefallen hat.

Anmerkungen:
Es können auch andere Materialien verwendet werden, z.B. mit Jedi- u. Sith-Symbolen, Teufel und Engel, Mickey Maus und Kater Karlo, Batman und Joker usw.

7.2.2 Sandriesel-Rückmeldung

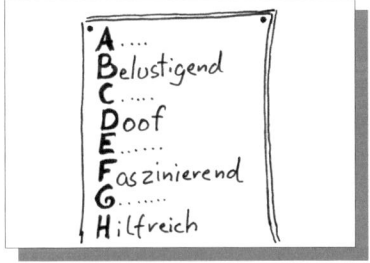

Material: Eimer mit Sand
Gruppengröße: ab 4
Vorbereitungszeit: keine
Durchführungszeit: 2 Minuten pro Person

Beschreibung:

Im Teilnehmerkreis bekommt immer der Rückmeldende den Sandeimer. Er nimmt Sand (so viel wie er möchte) in die Hand und lässt den Sand wieder in den Eimer rieseln. Solange der Sand rieselt, darf er sprechen.

Anmerkungen:

Der Rückmeldende hat es im wahrsten Sinne des Wortes „in der Hand", wie lange er sprechen möchte.

7.2.3 A B C

Material: Flipchartpapier, Stift
Gruppengröße: ab 3
Vorbereitungszeit: keine
Durchführungszeit: 10 Minuten

Beschreibung:

Auf einem großen Blatt Papier stehen untereinander die Buchstaben A – Z. Die Teilnehmer schreiben zu jedem Buchstaben etwas, was sie mit dem Seminar verbinden.

Anmerkungen:

Es gibt noch die Möglichkeit, ein positives und ein negatives ABC-Blatt zu erstellen.
Oder als Wettspiel können zwei Mannschaften gegeneinander spielen. Wer hat zuerst bei allen Buchstaben etwas Sinnvolles stehen?

7.2.4 Rede halten

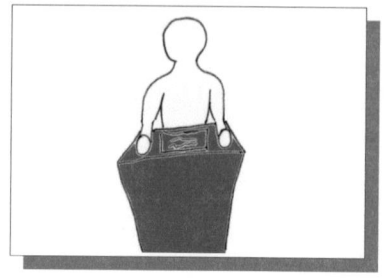

Material: Papier, Stifte
Gruppengröße: ab 3
Vorbereitungszeit: keine
Durchführungszeit: 10 Minuten +
3 Minuten pro Person

Beschreibung:
Die Teilnehmer (TN) haben zehn Minuten Zeit eine Rede vorzubereiten. Dann steht immer ein TN auf und hält diese.

Anmerkungen:
VORSICHT: Bedeutet für viele Menschen Stress.
Die Redewendung „einen Toast aussprechen" stammt aus England des 19. Jahrhunderts. Damals haben englische Lords (*laut Dr. Cooper die Römer*) ein Stück geröstetes Brot in den Wein getan, damit dieser besser schmeckt *(Iiiih)*. Wenn einer eine Rede hielt, wurde dessen Wein und Brot (der Toast) herumgegeben.

7.2.5 Sätze beenden

Material: kein
Gruppengröße: ab 2
Vorbereitungszeit: keine
Durchführungszeit: 3 Minuten pro Person

Beschreibung:
Jeder Teilnehmer beendet die Sätze, die vorgesagt oder aufgeschrieben werden:
- Ich war aufgeregt, weil...
- Ich war neugierig auf ...
- Ich fand schade, dass ...
- Ich war gelangweilt von ...
- Ich hätte mir gewünscht, dass ...
- Ich freue mich, dass ...
- Insgesamt fand ich das Training ….

Anmerkungen:
Der erste Teil des Satzes sollte immer auf die Übung abgestimmt werden.

7.2.6 Reihe stellen

Material:	kein
Gruppengröße:	ab 1
Vorbereitungszeit:	keine
Durchführungszeit:	10 Minuten pro Person

Beschreibung:
Die Gruppe soll sich in einer Reihe anordnen – nach verschiedenen Kriterien:
- Von links nach rechts, wer am meisten zur Lösung beigetragen hat
- Von links nach rechts, wer am meisten geredet hat
- Von links nach rechts, wer am meisten motiviert war
- Von links nach rechts, wer am meisten gehört wurde
- usw. - usw. - usw.

Anmerkungen:
Wenn die Gruppe sich nicht einigen kann, können Sie auch einzelne Teilnehmer nehmen, die die Reihe anordnen sollen. Die einzelnen Positionen können dann diskutiert werden.
Es sollte darauf hingewiesen werden, dass dies nur kurze Momentaufnahmen sind.
VORSICHT: Bei einigen Gruppen besteht Mobbing-Gefahr!

7.2.7 Nah und Fern

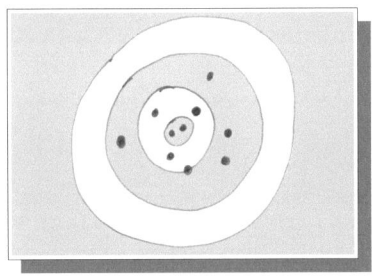

Material:	kein
Gruppengröße:	ab 3
Vorbereitungszeit:	keine
Durchführungszeit:	10 Minuten

Beschreibung:
Die Teilnehmer bilden einen Kreis. Einer nach dem anderen tritt in die Kreismitte und äußert seine Einschätzung zum letzten Programmteil. Die anderen drücken ihre Meinung zu dieser Aussage aus, indem sie ihre Position zu ihm verändern. Wer zustimmt, tritt näher in die Mitte. Je näher desto größer die Zustimmung.

Anmerkungen:
Mit dieser Methode bekommen Sie einen guten Gesamtüberblick.

7.2.8 Streichholz

Material:	Streichhölzer
Gruppengröße:	ab 3
Vorbereitungszeit:	keine
Durchführungszeit:	20 Minuten

Beschreibung:

Jeder Teilnehmer (TN) bekommt ein Streichholz. Einzeln zündet jeder TN dieses an und darf, während sein Streichholz brennt, über sein Erleben in der letzten Übung reflektieren.

Anmerkungen:

Dies ist eine sehr kurze Reflexionsmethode. Aber mir passiert es leider doch manchmal, dass die Aktion mal wieder länger wurde als geplant und die Reflexion kommt zu kurz. Sollte nicht passieren, tut es aber ;-(

7.2.9 Faustformel

Material:	kein
Gruppengröße:	ab 3
Vorbereitungszeit:	keine
Durchführungszeit:	2 Minuten pro TN

Beschreibung:

Jeder Teilnehmer macht eine Faust und geht dann die Finger durch, wobei jeder Finger für einen bestimmten Themenbereich steht:

- Daumen: Das fand ich super!
- Zeigefinger: Das habe ich gelernt!
- Mittelfinger: Das fand ich schlecht!
- Ringfinger: So habe ich die Gruppe erlebt!
- Kleiner Finger: So habe ich mich erlebt!

Anmerkungen:

Beim kleinen Finger können Sie auch den Themenbereich „Das kam mir zu kurz!" nehmen.

„Wer hat für dich die Hausaufgabe gelöst?", fragt der Lehrer streng.
„Das weiß ich doch nicht", antwortet Fritzchen. „Ich musste gestern
Abend schon früh ins Bett."

Hausaufgaben haben mir nie Spaß gemacht und sind auch nicht für jede Gruppe geeignet. Was macht man denn als Trainer, wenn die Teilnehmer die Aufgabe nicht erfüllt haben? Strichlisten - Strafarbeiten - Liegestütze - *Schläge*???
Da ich hierauf keine „gute" Antwort habe, gebe ich Hausaufgaben meist nur bei sehr motivierten Kleingruppen und beim Einzeltraining auf.

7.3.1   Was Gutes tun

Die Teilnehmer sollen in der nächsten Woche mindestens drei gute Taten vollbringen und diese in der Gruppe erzählen.

7.3.2   Dankbar sein

Die Teilnehmer sollen jeden Abend mindestens an drei Dinge denken, für die sie am diesem Tag dankbar sind. Es sollen möglichst jeden Abend verschiedene Dinge sein.

7.3.3   Steine wechseln

Jeden Morgen sollen die Teilnehmer zehn kleine Steine in die rechte Hosentasche packen. Bei jedem positiven Erlebnis soll ein Stein in die linke Hosentasche wandern. Am Abend wird gezählt und die Zahl wird aufgeschrieben.

7.3.4   Aggressions-Tagebuch

Mit einem Kalender wird eine Strichliste geführt. Für jedes Mal, wenn ein Teilnehmer wütend war, macht er einen Strich. Bei ein wenig Wut macht er einen halben Strich.
Es kann dann nachträglich geschaut und überlegt werden, warum es einige „Aggressions-Tage" und einige (fast) aggressionsfreie Tage gab. Eventuell können Lösungsstrategien entdeckt und weiterentwickelt werden.

7.3.5 Leben mit 30

Jeder Teilnehmer hat bis zum nächsten Termin Zeit, sich sein „realistisches Traumleben" mit 30 Jahren (oder bei älteren Teilnehmer mit 50) vorzustellen. Diese werden dann in der Gruppe vorgestellt. *Ich bin immer wieder überrascht, wie spießig und konservativ die meisten Wünsche so sind ;-)*

7.3.6 Freundlich grüßen

Die Teilnehmer sollen so viele Menschen wie möglich freundlich grüßen. Wer hat bis zum nächsten Mal die meisten Menschen freundlich gegrüßt?

7.3.7 Zehnmal lächeln

Die Teilnehmer sollen zehnmal pro Tag bewusst lächeln - im Idealfall in der Öffentlichkeit und jemandem ins Gesicht.

7.3.8 Gutscheine verteilen

Die Teilnehmer sollen sich Gutscheine überlegen, die sie an andere Menschen verteilen (z.B. Gartenarbeit bei der Oma, Babysitten bei den Nachbarn, Schuhe putzen bei den Eltern usw.).

7.3.9 Zehn Menschen zum Lachen bringen

Die Teilnehmer sollen bis zur nächsten Einheit zehn Menschen erheitern und zum Lachen bringen.

Die meisten Hausaufgaben sollen die Aufmerksamkeit der Teilnehmer auf schöne und positive Dinge lenken.
Mit dem Aggressions-Tagebuch (7.3.4) können Sie auch über lange Zeit arbeiten. Die ständige Reflexion über das eigene Aggressionsverhalten führt meist schon zu einer positiven Veränderung. Danach werden die positiven Ergebnisse analysiert und weiter ausgebaut. (Was führte dazu, dass du an diesem Tage nicht einmal aggressiv oder wütend warst? Was hat dich hier unterstützt? Was kannst du tun, damit dies öfter passiert?) Einige erfolgreiche Sucht- und Diätprogramme arbeiten auf ähnliche Art und Weise.

Nach-denken

„Mehr Liebe, weniger Hiebe" Christian Pfeiffer

*„In den letzten 20 Jahren hat die Zahl derjenigen von 26 auf 52
Prozent zugenommen, die gewaltfrei erzogen wurden. Gewalttaten
gegen Frauen gehen genauso zurück wie Schulhof-Raufereien."
(WAZ Nr. 95 vom 24.04.2013, S. 1)*

So schlimm mit der Gewalt ist es eigentlich gar nicht, auch wenn die Medien es gerne anders präsentieren. Laut dem Kriminologen Prof. Thomas Feltes in einer Untersuchung der Ruhruniversität Bochum hat die Gewalt an Schulen <u>nicht</u> zugenommen (vgl. Sucht- und Jugendhilfe e.V. V 2012, S. 40 ff). Nach der BKA-Statistik von 2014 werden immer weniger Kinder missbraucht und getötet. (Natürlich ist jedes Opfer eines zuviel!) Insgesamt zeigen viele Statistiken, dass die Jugendlichen mit jedem Jahrzehnt gewaltärmer werden. Auch engagiert sich unsere heutige Jugend. Laut einer Studie der Universität Würzburg von 2011 gaben 44,9% der Jugendlichen an, aktuell oder in den letzten zwölf Monaten ehrenamtlich gearbeitet zu haben. 23,5% der 14- und 15-Jährigen sind im Bereich Kirche aktiv und 18,6% engagieren sich für das Sammeln von Geldern und Hilfsgütern. Der durchschnittliche Zeitaufwand betrug 22,7 Stunden pro Monat. 72,4% der ehrenamtlichen Jugendlichen halten ihre Aktivitäten für sinnvoll und haben das Gefühl, dass dies zu gesellschaftlichen Veränderungen führt (vgl. Sucht- und Jugendhilfe e.V. VI 2012, S. 10 ff).

Aber besser geht es immer. Deshalb sollte der Gewalt mit (Erlebnis-)Pädagogik entgegengewirkt werden. Leider wird die (Erlebnis-)Pädagogik immer gerne als **„Feuerwehr"** eingesetzt. Wenn sonst der Wasserhahn tropft oder aus einem Wasserrohr Wasser spritzt, wird sofort etwas unternommen. Entweder man regelt es selbst oder ruft einen Fachmann. In der Pädagogik steht, im übertragenen Sinne, bereits der gesamte Keller unter Wasser, wenn der Fachmann angefragt wird.
Doch diese Prävention kostet Zeit und Energie. Die Ergebnisse sind langfristig. Wahrscheinlich wäre es für deren Finanzierung sinnvoll, dass die Ergebnisse bereits nach vier Jahren (innerhalb einer Legislaturperiode) sichtbar wären. Dann

würde die Politik wahrscheinlich mehr investieren. Einige Sachen stehen bereits in irgendwelchen Gesetzen. In NRW ist gem. der **Qualitätsanalyse NRW** Frühprävention Pflicht für alle Schulen des Landes. Der Alltag sieht aber oft anders aus und leider haben ja Politiker auch andere *(blöde)* Ideen.

Der SPD-Justizminister NRW Thomas Kutschaty sagte im Dezember 2012, dass Geld- und Gefängnisstrafen <u>nicht</u> ausreichen würden. Es müsste **abschreckender** sein. Es ist wirklich schade, dass selbst Justizminister sich mit Kriminologie und deren Ergebnissen nicht auskennen. Dort ist mittlerweile mehrfach bewiesen worden, dass Abschreckung nicht funktioniert. Auch Prügel-, Folter- und Todesstrafe können nichts ändern, sondern bewirken in der Gesellschaft eher das Gegenteil.

Untersuchungen zeigen ganz eindeutig, dass Kinder, die mit elterlicher „Gewalt" erzogen wurden, eher zur Todesstrafe und anderen harten Strafen tendieren. Auch sind sie unzufriedener im Leben, haben mehr Ängste und möchten eher eine Waffe besitzen (vgl. DVJJ 2013; S. 128 ff.).

Dabei gibt es keine schnelle Lösung. Mehr Verbote, höhere Strafen, Herabsetzung des Strafmündigenalters und neue Gesetze beruhigen nur die Öffentlichkeit und bewirken keine positive Entwicklung in unserem Land. **„Vorbeugen" ist besser als „Heilen"** (Prävention vor Intervention) und oft auch billiger. Dies könnte ein Hauptargument sein, warum Gewaltvorbeugung finanziert wird. Unterstützungen und Hilfen, besonders in den Bereichen Familie und Schulen, können langfristig einen besseren Umgang der Menschen untereinander bewirken. (Eine nette Idee aus dem Ausland: In Finnland bekommen alle werdenden Eltern vom Staat ein Babypaket mit einer kompletten Erstausstattung für das Kind. Der Pappkarton des Sets kann zum ersten Babybett umfunktioniert werden.)

Auch die **Gehirnforschung** besagt, dass „der frühe Vogel den Wurm fängt". Je früher die Prävention beginnt, desto effektiver ist sie. Deshalb sollte die Prävention bereits bei den Eltern ansetzen. Schon eine ruhige und giftfreie (z.B. ohne Nikotin, Alkohol, Hamburger usw.) Schwangerschaft steigert die Wahrscheinlichkeit, dass das Kind ausgeglichener, intelligenter und nicht dick wird.

Dies sind schon die ersten Schritte zur Gewaltfreiheit. Die gewaltfreie Gesellschaft sollte stets angestrebt werden und es sollte aber auch klar sein, dass sie nie erreicht wird.

Präventionsprogramme gibt es massig. Viele sind auch gut. Leider laufen diese nicht koordiniert ab und es ist ein großes Konkurrenzdenken vorhanden. Schließlich geht es mal wieder um Geld. Idealerweise würden diese Programme ineinander greifen. Dabei ist es wichtig, einfach anzufangen und dann das Niveau zu erhöhen. Erst muss man das kleine 1x1 kennen, bevor man die Kurvendiskussion hinbekommt. Fehlt etwas vom Anfang, kann der Rest nicht richtig erlernt werden. Das ist bei der Gewaltprävention genauso. Manchmal fehlen „einfache" Puzzle-Teile, welche sich am Fundament des Menschen befinden. Danach ist dann auch das Fundament so stark, dass die Mauern und das Dach stabil darauf stehen können. Z.B. müssen einige Menschen erst erlernen die Mimik und die Gefühle von anderen Menschen (Fundament) zu erkennen, bevor sie schwierige Situationen deeskalieren können (Dachspitze).

Jeder Mensch hat da seine speziellen Fähigkeiten und diese gilt es zu fördern. Doch denken Sie daran: „Das Gras wächst nicht schneller, nur weil man daran zieht." Druck bewirkt meist das Gegenteil. Also zwingen Sie andere Menschen nicht zu ihrem „Glück". Es ist schwierig genug, selbst *vieles* richtig zu machen (*z.B. vorurteilsfrei zu sein – siehe Grafik unten*) und **Vor-bild** zu sein.

Nun, ihr Kind ist **nicht** hochbegabt. Sie sind nur sehr, sehr, sehr dumm!!!

Informationen

"Es ist nicht genug zu wissen - man muss auch anwenden. Es ist nicht genug zu wollen - man muss auch tun." Johann Wolfgang von Goethe

Anbei noch weitere Literaturempfehlungen um eventuelle Entwicklungsmöglichkeiten meines Buches auszugleichen.

Literatur

"Es gibt keine Liste von Büchern, die man unbedingt gelesen haben müsste und ohne welche kein Heil und keine Bildung ist! Aber es gibt für jeden einzelnen Menschen eine beträchtliche Zahl von Büchern, in welchen gerade er, dieser Eine, Befriedigung und Genuss erleben kann." Hermann Hesse

- Bandura, Albert: **Aggression**; Stuttgart 1979
- Bauer, Joachim: **Warum ich fühle, was du fühlst**; Hamburg 2006
- Bauer, Joachim: **Lob der Schule;** Hamburg 2008
- Bauer, Joachim: **Das kooperative Gen – Evolution als kreativer Prozess**; Hamburg 2010
- Bauer, Joachim: **Schmerzgrenze – Vom Ursprung alltäglicher und globaler Gewalt**; Hamburg 2011
- Beaulieu, Danie: **Klimazone Klassenzimmer;** Heidelberg 2008
- Birkenbihl, Vera F.: **Warum wir andere in die Pfanne hauen ...;** Paderborn 2005
- Boeger, Annette / Schut-Ansteeg, Thomas (Hrsg.): **Erlebnispädagogik in der Schule** – Methoden und Wirkungen; Berlin 2005
- Bongartz, Ralf / Meis, Mona Sabine / Rhode, Rudi: **Angriff ... ist die schlechteste Verteidigung**; Paderborn 2003
- Braune-Krickau, Michael / Langmaack, Barbara: **Wie die Gruppe laufen lernt**; Weinheim 1995

- Brinkmann, Heinz U. / Frech, Siegfried / Posselt, Ralf-Erik: **Gewalt zum Thema machen;** Bonn 2008
- Deutscher Alpenverein e.V. (Hrsg.): **Panorama – Magazin des Deutschen Vereins 65. Jahrgang Nr. 2**, April/Mai 2013; München 2013
- DVJJ (Hrsg.): **Zeitschrift für Jugendkriminalrecht und Jugendhilfe –** Ausgabe 2/13; Hannover 2013
- Eagleman, David: **Inkognito – Die geheimen Eigenleben unseres Gehirns**; Frankfurt am Main 2012
- Gall R. / Kilb R. / Weidner J.: **Konfrontative Pädagogik in der Schule**; Weinheim 2006
- Gigerenzer, Gerd: **Bauchentscheidungen**; München 2008
- Gilsdorf, Rüdiger / Kistner, Günter: **Kooperative Abenteuerspiele (1,2 und 3)**; Seelze 2002/03/13
- Golemann, Daniel: **Emotionale Intelligenz**; München 1997
- Gruhl, Monika: **Die Strategie der Stehauf-Menschen**; Freiburg 2008
- Gugel, Günther: **Gewalt und Gewaltprävention**; Tübingen 2006
- Havener, Thorsten: **Ich weiß, was du denkst**; Hamburg 2009
- Heckmair, Bernd / Michl, Werner: **Erleben und lernen**; Berlin 1998
- Hees, Katja / Wahl, Klaus: **Täter oder Opfer?**; München 2009
- Ising, J.; Ladinek H.: **Deeskalationstraining**; Ludwigshafen 2004
- Jehn, Otto / Kilb, Rainer / Weidner, Jens (Hrsg.): **Gewalt im Griff III**; Weinheim 2003
- Karkalis, André / Kernspecht, Keith R.: **Verteidige Dich**[3]; Burg / Fehmarn 2003
- Kilb, Rainer / Kreft, Dieter / Weidner, Jens (Hrsg.): **Gewalt im Griff I**; Weinheim 1997
- Klein, Tanja / Wustrau, Christian: **Abenteuer City Bound**; Seelze 2014
- Küstenmacher, Werner Tiki / Seiwert, Lothar J.: **simplify your life**; München 2004
- Meis, M. S. / Rhode, R.: **Wenn Nervensägen an unseren Nerven sägen;** München 2006
- Michl, Werner: **Erlebnispädagogik**; München 2011
- Nau, J. / Oud N. / Walter G. (Hrsg.): **Aggression und Aggressions-management**; Bern 2012
- Pinker, Steven: **Gewalt – Eine neue Geschichte der Menschheit;**

Frankfurt am Main 2013

- Posselt, Ralf-Erik: **Gewalt löst keine Probleme**; Schwerte 2000
- Precht, Richard David: **Die Kunst, kein Egoist zu sein – Warum wir gerne gut sein wollen und was uns davon abhält**; München 2012
- Precht, Richard David: **Anna, die Schule und der liebe Gott - Der Verrat des Bildungssystems an unseren Kindern;** München 2013
- Prior, Manfred: **MiniMax-Interventionen**; Heidelberg 2007
- Ratz, Katrin; Thünemann, Kurt: **Methodenhandbuch zum Antigewalttraining**; Oldenburg 2010
- Riederle, Josef: **Kampfesspiele**, Schwerte 2003
- Rosenberg, Marshall B.: **Gewaltfreie Kommunikation**; Paderborn 2004
- Schlafhorst, Holger R. u.a.: **Der Umgang mit Menschen**; Ingelheim 2003
- Schubart, W.: **Gewaltprävention in Schule und Jugendhilfe**; Brühl 2000
- Schulz von Thun, F.: **Miteinander Reden 1 - 3**; Hamburg 2006
- Schwarz, A. A. / Schweppe, R. P.: **Praxisbuch NLP**; München 2007
- Sonntag, Christoph: **Abenteuer Spiel 2**; Augsburg 2010
- Sorg, Eugen: **Die Lust am Bösen**; München 2011
- Spitzer, Manfred: **Lernen**; München 2007
- Sucht- und Jugendhilfe e.V. (Hrsg.): **jugendhilfe aktuell Heft V/2012**; Lübeck 2012
- Sucht- und Jugendhilfe e.V. (Hrsg.): **jugendhilfe aktuell Heft VI/2012**; Lübeck 2012
- Sucht- und Jugendhilfe e.V. (Hrsg.): **jugendhilfe aktuell Heft VI/2010b**; Lübeck 2010
- Walter, Michael: **Tätigkeitsbericht des Justizbeauftragten des Landes Nordrhein-Westfalen 2011**; Köln 2012
- Watzlawick, Paul: **Anleitung zum Unglücklichsein;** München 2008
- Weidner, J.: **Anti-Aggressivitäts-Training für Gewalttäter**; Bonn 1997

„Der wahre Zweck eines Buches ist, den Geist hinterrücks zum eigenen Denken zu verleiten." C. D. Morley

Bärsch, Sibylle / Bärsch, Tim (2007): **Theorien zur Gewalt**
Forschungs-, Theorie-, Erklärungs- und Präventionsansätze für 6 €
Bestellung über die Edition Zebra: www.gewaltakademie.de

Bärsch, Tim / Rohde, Marian (2008): **Kommunikative Deeskalation**
Wissen aus den Fachbereichen des NLP, der Stressforschung, der Kampfkünste, der Neurobiologie und der Psychologie für 9,99 €

Bärsch, Tim (2009): **Verhindern Sie Gewalt**
Wie haben Personen in gewalttätigen Situationen ihr kreatives Potential genutzt? Über 100 Anregungen für 9,99 €

Bärsch, Tim / Rohde, Marian (2010): **Deeskalation in der Pflege**
Kommunikation, Deeskalation und SaFE (**S**chmerz**a**rme **F**esthalte- und **E**ingriffs)-Techniken für 9,99 €

Bärsch, Tim (2011): **125 Übungen zur Gewaltprävention**
Vertrauens-, Kooperations-, Kampf-, Reflexionsübungen u.v.m. nach den Gruppenphasen geordnet für 9,99 €

Bärsch, Tim (2012): **Jugend heute – Besser als ihr Ruf**
Ist die Jugend in den letzten Jahren wirklich soviel schlimmer geworden? Antworten und Erklärungen für 9,99 €

Bärsch, Tim (2013): **Schlag doch zu, Hurensohn**
Praxisratgeber und Arbeitsbuch für Jugendliche zu den Themen Deeskalation, Zivilcourage und Körperverletzung für 5,99 €

Bärsch, Tim (2014): **Sei kein Opfer ... und kein Täter**
Ein *unterhaltsamer* Ratgeber zu den Themen Deeskalation, Gewaltprävention und Zivilcourage für 8,99 €

„Wer es kann, der TUT es; wer es nicht kann, LEHRT es!"
Sprichwort aus meiner Studentenzeit

Ich besuche seit dem letzen Jahrtausend (*genauer geschrieben seit 1998*) regelmäßig Seminare, Fortbildungen und Vorträge zu den Themen Deeskalation, Gewaltprävention und Kommunikation (zu den Themen Selbstverteidigung und Selbstbehauptung sogar seit 1992). Dabei habe ich qualitativ extreme Unterschiede festgestellt.

Hier haben ich Ihnen eine Auflistung von Inhalten einer umfassenden Fortbildung zum Thema Gewaltprävention niedergeschrieben:

- Mischung aus Theorie und Praxis
- Literaturempfehlungen
- vorbeugende Maßnahmen
- wissenschaftliche Ergebnisse
- Stressmanagement
- Schulung der Wahrnehmung
- Gesetze und Vorschriften
- Kommunikationstheorien
- Körpersprachtraining
- viele praktische Übungen
- Rollenspiele
- Selbsterfahrung u. Selbsterfahrung u. Selbsterfahrung

Ich bemühe mich, meine Seminare ständig zu verbessern und zu erweitern. Dies kann nur geschehen, wenn Sie mir ehrliche Rückmeldung geben. Also geben Sie mir bitte Rückmeldungen zu meinen Fortbildungen, Seminaren, Ausbildungen, Vorträgen und zu meinen Büchern. Die Kontaktdaten finden Sie eine Seite weiter. Vielen Dank im voraus.

Tim Bärsch

„Ich bin nicht verrückt. Meine Mutter hat mich testen lassen. "
Dr. Sheldon Cooper aus der TV-Serie „Big Bang Theorie"

Tim Bärsch

- Mensch mit Jahrgang 1972, Sohn, Enkel, Vater, Ehe- und Mann u.v.m.
- Diplom-Sozialarbeiter / Diplom-Sozialpädagoge / Universitäts-Dozent
- Anti-Aggressivitäts-, Coolness-, WingTsun- und Deeskalationslehrtrainer
- Systemischer und NLP-Coach (ProC / DVNLP)
- Erfahrungen in den Bereichen Gewaltprävention (alle Altersklassen), Kampfkunst, Sicherheitsdienst, Jugendamt und Erwachsenenbildung

Für Fragen, Anregungen, Kritik, Konzepterstellungen, Mitarbeiterschulungen und Fortbildungsangebote stehe ich Ihnen gerne zur Verfügung.

BaER® Schulungen
Bewältigung **a**ggressiver **E**motionen & **R**eaktionen
Deeskalation und Gewaltprävention
Geschäftsführung: Tim Bärsch
Internet: www.baer-sch.de
Email: kontakt@baer-sch.de

für eine pädagogisch sinnvolle Einheit zur Gewaltprävention:

1. Eigene Haltung (Seite 9)

Behandeln Sie jeden Menschen, als wäre er intelligent!

2. Einstellung zur Gewalt (Seite 10)

Reflektieren Sie sich selbst und seien Sie Vor-bild!

3. Beziehung (Seite 12)

Respektieren und mögen Sie Ihre Teilnehmer!

4. Verantwortung (Seite 13)

Setzen Sie sinnvolle Regeln und Konsequenzen konsequent um!

5. Herausforderung (Seite 14)

Leiten Sie machbare Herausforderungen für die Teilnehmer an!

6. Gruppenphasen (Seite 15)

Beachten Sie die Gruppenphasen und -dynamiken!

7. Planung und Flexibilität (Seite 16)

Schaffen Sie ein Gleichgewicht von Planung und Flexibilität!

8. Spiel und Spaß (Seite 17)

Haben Sie Spaß und fördern Sie den Spaß der Teilnehmer!

9. Bewegung (Seite 19)

Bewegen Sie die Teilnehmer äußerlich und innerlich!

10. Transfer (Seite 20)

Schaffen Sie einen Transfer in die Wirklichkeit außerhalb der Gruppe!

Weitere Informationen unter www.baer-sch.de